기탄급수한자
4급 빨리따기

4급, 4급Ⅱ 공용 4급은 ①②③④⑤과~ ~~습니다.~~ **②과정**

KB122269

 왜, 기탄급수한자일까요?

 전국적으로 초,중,고 학생들에게 급수한자 열풍이 대단합니다.
2005학년도 대학수학능력시험부터 제 2외국어 영역에 한문과목이 추가되고, 한
자공인급수 자격증에 대한 각종 특전이 부여됨에 따라 한자조기 교육에 가속도
가 붙고 있습니다. 이러한 교육환경에서 초등학생의 한자학습에 대한 열풍은 자
연스럽게 한자능력검정시험에까지 이어지고 있습니다.
이에 발맞추어 기탄교육은 국내 유일의 초등학생 전용 급수한자 학습지 「기탄급
수한자 빨리따기」를 선보이게 되었습니다. 「기탄급수한자 빨리따기」는 초등학
생의 수준에 딱 맞도록 구성되어 더욱 쉽고 빠르게 원하는 급수를 취득할 수 있
습니다. 이제 초등학생들의 한자능력검정시험 준비는 「기탄급수한자 빨리따기」
로 시작하세요. 한자학습의 목표를 정해 주어 학습성취도가 높고, 공부하는 재미
를 동시에 느낄 수 있습니다.

「기탄급수한자 빨리따기」 이런 점이 좋아요.

* 두꺼운 분량의 문제집이 아닌 각 급수별로 분권하여 학습성취도가 높습니다.
* 충분한 쓰기 연습량으로 목표하는 급수 자격증을 빠르게 취득할 수 있습니다.
* 출제유형을 꼼꼼히 분석한 기출예상문제풀이로 시험대비에 효과적입니다.
* 만화, 전래동화, 수수께끼 등 다양한 학습법으로 지루하지 않게 공부합니다.

한자능력검정시험이란 무엇인가요?

사단법인 한국어문회에서 주관하고 한국한자능력검정회가 시행하는 한자 활용능력 시험을 말합니다. 1992년 12월 9일 1회 시험이 시행되었고, 2001년 1월 1일 이후로 국가 공인자격시험(1급~3급Ⅱ)으로 치러지고 있습니다.

한자능력검정시험은 언제, 어떻게 치르나요?

정규 시험은 공인급수 시험과 교육급수 시험을 별도로 실시합니다. (한국 한자능력검정회 홈페이지 참조 http://www.hanja.re.kr)
응시 자격은 8급~특급까지 연령, 성별, 학력 제한 없이 모든 급수에 응시할 수 있습니다.

한자능력검정시험에는 어떤 문제가 나오나요?

급수별로 자세한 내용은 다음과 같습니다.

한자능력검정시험 출제 유형

구분	특급	특급Ⅱ	공인급수				교육급수								
			1급	2급	3급	3급Ⅱ	4급	4급Ⅱ	5급	5급Ⅱ	6급	6급Ⅱ	7급	7급Ⅱ	8급
읽기 배정 한자	5,978	4,918	3,500	2,355	1,817	1,500	1,000	750	500	400	300	225	150	100	50
쓰기 배정 한자	3,500	2,355	2,005	1,817	1,000	750	500	400	300	225	150	50	0	0	0
독음	50	50	50	45	45	45	32	35	35	35	33	32	32	22	24
훈음	32	32	32	27	27	27	22	22	23	23	22	29	30	30	24
장단음	10	10	10	5	5	5	3	0	0	0	0	0	0	0	0
반의어	10	10	10	10	10	10	3	3	3	3	3	2	2	2	0
완성형	15	15	15	10	10	10	5	5	4	4	3	2	2	2	0
부수	10	10	10	5	5	5	3	3	0	0	0	0	0	0	0
동의어	10	10	10	5	5	5	3	3	3	3	2	0	0	0	0
동음이의어	10	10	10	5	5	5	3	3	3	3	2	0	0	0	0
뜻풀이	10	10	10	5	5	5	3	3	3	3	2	2	2	2	0
필순	0	0	0	0	0	0	0	0	3	3	3	3	2	2	2
약자	3	3	3	3	3	3	3	3	3	3	0	0	0	0	0
한자 쓰기	40	40	40	30	30	30	20	20	20	20	20	10	0	0	0

※쓰기 배정 한자는 한두 급수 아래의 읽기 배정 한자이거나 그 범위 내에 있습니다.
※출제 유형표는 기본 지침 자료로서, 출제자의 의도에 따라 차이가 있을 수 있습니다.

한자능력검정시험의 급수는 어떻게 나누어지나요?

 한자능력검정시험은 공인급수와 교육급수로 나누어져 있으며, 8급에서 1급까지 배정되어 있습니다. 특급·특급Ⅱ는 민간자격급수입니다.

한자능력검정시험 급수 배정표

급수		읽기	쓰기	수준 및 특성
교육급수	8급	50	0	한자 학습 동기 부여를 위한 급수
	7급Ⅱ	100	0	기초 상용자 활용의 초급 단계
	7급	150	0	기초 상용자 활용의 초급 단계
	6급Ⅱ	225	50	기초 상용한자 활용의 중급 단계
	6급	300	150	기초 상용한자 활용의 고급 단계
	5급Ⅱ	400	225	중급 상용한자 활용의 초급 단계
	5급	500	300	중급 상용한자 활용의 초급 단계
	4급Ⅱ	750	400	중급 상용한자 활용의 중급 단계
	4급	1,000	500	중급 상용한자 활용의 고급 단계
공인급수	3급Ⅱ	1,500	750	고급 상용한자 활용의 초급 단계
	3급	1,817	1,000	고급 상용한자 활용의 중급 단계
	2급	2,355	1,817	상용한자를 활용하는 것은 물론 인명지명용 기초한자 활용 단계
	1급	3,500	2,005	국한혼용 고전을 불편 없이 읽고, 연구할 수 있는 수준 초급
특급Ⅱ		4,918	2,355	국한혼용 고전을 불편 없이 읽고, 연구할 수 있는 수준 중급
특급		5,978	3,500	국한혼용 고전을 불편 없이 읽고, 연구할 수 있는 수준 고급

한자능력검정시험 합격 기준표

구분	특급·특급Ⅱ	공인급수				교육급수								
		1급	2급	3급	3급Ⅱ	4급	4급Ⅱ	5급	5급Ⅱ	6급	6급Ⅱ	7급	7급Ⅱ	8급
출제문항수	200	200	150	150	150	100	100	100	100	90	80	70	60	50
합격문항수	160	160	105	105	105	70	70	70	70	63	56	49	42	35
시험시간	100분	90분	60분			50분								

※특급·특급Ⅱ·1급은 출제 문항수의 80% 이상, 2급~8급은 70% 이상 득점하면 합격입니다.

 한자능력검정시험에 합격하면 어떤 좋은 점이 있나요?

- 1급~3급Ⅱ를 취득하면 국가 공인 자격증으로서, 초·중·고등학교 생활 기록부의 자격증란에 기재되고, 4급~8급을 취득하면 세부 능력 및 특기 사항란에 기재됩니다.
- 대학 입시 수시 모집 및 특기자 전형에 지원이 가능합니다.
- 대학 입시 면접에 가산점 부여 및 졸업 인증, 학점 반영 등 혜택이 주어집니다.
- 언론사, 기업체의 입사·승진 등 인사 고과에 반영됩니다.

4급 4급Ⅱ 빨리따기 구성과 특징

4급 4급Ⅱ 한자 1000자를 ①, ②, ③, ④, ⑤과정으로
분권하여 구성하였습니다. 두꺼운 분량의 책으로
공부할 때보다 학습자의 성취감을 높여줍니다.

〈장단음〉
한자의 장단음을 표기
하였습니다.
':' 는 長音 漢字표시
이며 '(:)' 은 長·短
두 가지로 발음되는
漢字 표시입니다.

〈자원〉
한자가 만들어진 유래
를 밝혀 음훈의 기억을
돕습니다.
(자원의 해석은 여러
학설이 있습니다.)

〈그림〉
한자의 훈에
해당하는 개념을
그림으로 표현
하여 쉽게 이해
하도록 합니다.

〈획순〉
한자를 바르게
쓸 수 있도록
획순을 제시
하였습니다.
(획순은 학자
마다 약간씩 견해
차이가 있습니다.)

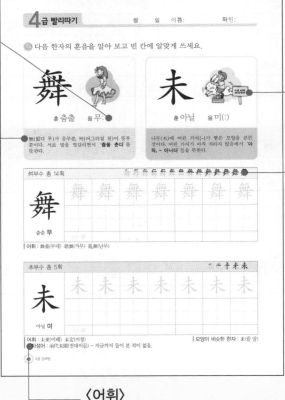

〈어휘〉
다른자와 결합된 단어를 학습하여
어휘력을 높이도록 하였습니다.

〈도입〉
4급 4급Ⅱ 신출한자를 가
나다 순으로 정리하여 그
림과 함께 소개합니다.

〈만화로 익히는 고사성어〉
고사성어를 만화로 표현하여
고사의 유래와 참뜻을 흥미
롭게 익힙니다.

〈퍼즐로 한자를〉
크로스 워드 퍼즐을 통하여 배운
한자의 어휘와 성어를 복습합니다.

〈기출 및 예상문제〉
시험에 출제되었던 문제와
예상 문제를 통하여 실력을
다집니다.

〈부록〉
6급 6급Ⅱ 신출한자 150자를
복습합니다.

〈모의 한자능력 검정시험〉
실제시험 출제 유형과 똑같은
모의한자능력검정시험 3회를
통하여 실전감각을 높일 수
있습니다.

〈답안지〉
실제시험과 똑같은 모양의 답안
작성 연습으로 실수를 줄일 수
있습니다.

假(가) ❶-10

①과정 10쪽

4급 ②과정 한자능력검정시험

 導 인도할 도

 毒 독 독

 督 감독할 독

銅 구리 동

 斗 말 두

豆 콩 두

 得 얻을 득

 燈 등 등

 羅 벌릴 라

 卵 알 란

 亂 어지러울 란

 覽 볼 람

✏️ 다음 한자의 훈음을 알아 보고 빈 칸에 알맞게 쓰세요.

훈 인도할   음 도:

寸(마디 촌)이 뜻부분, 道(길 도)가 음부분이다.
손으로 잡고 이끌다에서 '**인도하다**'를 뜻한다.

훈 독   음 독

독풀이 본뜻이었으나, 후에 '**독하다, 해롭다**' 등
을 뜻하게 되었다.

寸부수 총 16획	導 導 導 導 導 道 道 道 道 道 道 導 導

導

인도할 **도**

導	導	導	導	導	導	導

어휘 : 導入(도입) 引導(인도) 導出(도출) 傳導(전도)

毋부수 총 8획	毒 毒 毒 毒 毒 毒 毒 毒

毒

독 **독**

毒	毒	毒	毒	毒	毒	毒

어휘 : 毒草(독초) 食中毒(식중독) 毒氣(독기) 상대반의어 : 藥(약 약)

✏️ 다음 한자의 훈음을 알아 보고 빈 칸에 알맞게 쓰세요.

훈 감독할　음 독

훈 구리　음 동

目(눈 목)이 뜻부분, 叔(아재비 숙)이 음부분이다. 눈으로 살피다라는 뜻에서 **'감독하다, 재촉하다'**를 뜻한다.

金(쇠 금)이 뜻부분, 同(같다 동)이 음부분이다. 쇠붙이 중에서 **'구리'**를 뜻한다.

目부수 총 13획　督督督督督督督督督督督督督

督

감독할 **독**

督	督	督	督	督	督	督
감독할 독						

어휘 : 督促(독촉)　監督(감독)　基督敎(기독교)

金부수 총 14획　　　　　銅銅銅銅銅銅銅

銅

구리 **동**

銅	銅	銅	銅	銅	銅	銅
구리 동						

어휘 : 銅錢(동전)　靑銅器(청동기)　銅賞(동상)　銅鏡(동경)

✎ 다음 한자의 훈음을 알아 보고 빈 칸에 알맞게 쓰세요.

훈 말   음 두

곡식의 분량을 잴 때 쓰는 긴 자루 달린 말모양을 본뜬 것으로 '말, 되, 별이름' 등을 뜻한다.

훈 콩   음 두

본래 제사 때 음식을 담는 그릇 모양을 본뜬 것으로 그릇을 나타냈으나, 후에 '콩'을 뜻하게 되었다.

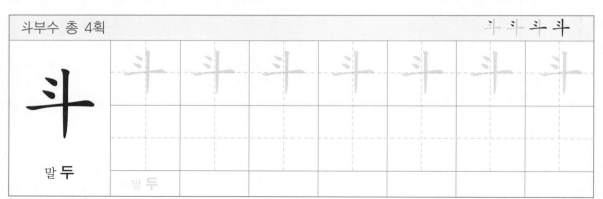

斗부수 총 4획

斗 斗 斗 斗

斗

말 **두**

말 두

어휘 : 北斗七星(북두칠성) 大斗(대두)   │ 모양이 비슷한 한자 : 寸(마디 촌)
사자성어 : 斗酒不辭(두주불사) – 말술도 사양하지 않음. 주량이 매우 큼.

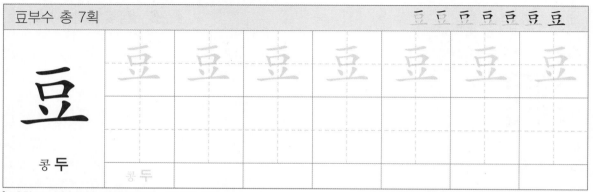

豆부수 총 7획

豆 豆 豆 豆 豆 豆 豆

豆

콩 **두**

콩 두

어휘 : 豆乳(두유) 豆腐(두부) 綠豆(녹두)
사자성어 : 種豆得豆(종두득두) – 콩 심은 데 콩 나고, 팥 심은 데 팥 난다.

월   일   이름: 확인:

✏️ 다음 한자의 훈음을 알아 보고 빈 칸에 알맞게 쓰세요.

훈 얻을   음 득

훈 등   음 등

길을 가다(彳) 재물(貝)을 줍다(寸)는 의미에서 '**얻다**'를 뜻한다.

火(불 화)가 뜻부분, 登(오를 등)이 음부분이다. 불을 높이 올려 걸어 놓은 '**등**'을 뜻한다.

彳부수 총 11획

得得得得得得得得得得

得

얻을 득

| 어휘 : 得失(득실) 所得(소득) 利得(이득) | 상대반의어 : 失(잃을 실) |

사자성어 : 一擧兩得(일거양득) – 한꺼번에 두 가지 것을 얻음.

火부수 총 16획

燈燈燈燈燈燈燈燈燈燈燈燈燈

燈

등 등

약자

灯

사자성어 : 風前燈火(풍전등화) – 사물이 매우 위태로운 상태에 놓여 있음.
　　　　　 燈下不明(등하불명) – 가까이에서 생긴 일을 오히려 잘 모름.

📝 다음 한자의 훈음을 알아 보고 빈 칸에 알맞게 쓰세요.

훈 벌릴   음 라

훈 알   음 란:

罒(网, 그물 망)과 隹(새 추)가 합쳐진 것으로 그물을 벌려 새를 잡다를 뜻하는 것이었다. '**그물, 벌리다, 비단**' 등을 뜻한다.

알모양을 본떠 만든 한자로 '**알**'을 뜻한다.

| 罒부수 총 19획 | 羅 羅 羅 羅 羅 羅 羅 羅 羅 羅 羅 羅 羅 羅 羅 |

羅	羅	羅	羅	羅	羅	羅	羅
벌릴 **라**	벌릴 라						

어휘 : 羅列(나열) 羅針盤(나침반) 新羅(신라)   유의어 : 列(벌릴 렬)

| 卩부수 총 7획 | 卵 卵 卵 卵 卵 卵 卵 |

卵	卵	卵	卵	卵	卵	卵	卵
알 **란**	알 란						

사자성어 : 鷄卵有骨(계란유골) – 운이 나쁜 사람은 모처럼 좋은 기회가 와도 무엇 하나 뜻대로 되는 일이 없음.
          以卵擊石(이란격석) – 계란으로 바위 치기, 아주 적은 힘으로 큰 상대를 대적함.

월   일   이름: 확인:

✎ 다음 한자의 훈음을 알아 보고 빈 칸에 알맞게 쓰세요.

亂

훈 어지러울   음 란:

두 사람이 흩어진 실을 정리하여 타래로 감는 모양에서 유래된 것으로 '**어지럽다, 흩어지다**' 등을 뜻한다.

覽

훈 볼   음 람

監(볼 감)이 음부분, 見(볼 견)이 뜻부분이다. 생각하여 자세히 '**살펴보다**' 를 뜻한다.

乚(乙)부수 총 13획   亂亂亂亂亂亂亂亂亂亂亂亂亂

亂

어지러울 **란**

약자
乱

| 어휘 : 亂離(난리) 亂世(난세)
| 사자성어 : 自中之亂(자중지란) – 같은 패 안에서 일어난 싸움.

見부수 총 21획   覽覽覽覽覽覽覽覽覽覽

覽

볼 **람**

약자   약자
覧   覧

| 어휘 : 觀覽(관람) 博覽會(박람회) 遊覽(유람) | 유의어 : 視(볼 시), 觀(볼 관)

❶ 다음 漢字語의 讀音을 쓰세요.

(1) 所得 ( )	(2) 導出 ( )
(3) 要覽 ( )	(4) 善導 ( )
(5) 銅賞 ( )	(6) 半導體 ( )
(7) 新羅 ( )	(8) 亂局 ( )
(9) 毒草 ( )	(10) 傳導 ( )
(11) 消燈 ( )	(12) 毒氣 ( )
(13) 監督 ( )	(14) 銅鏡 ( )
(15) 毒藥 ( )	(16) 斗量 ( )
(17) 導入 ( )	(18) 大豆 ( )
(19) 戰亂 ( )	(20) 豆油 ( )
(21) 綠豆 ( )	(22) 鷄卵 ( )
(23) 得意 ( )	(24) 卵生 ( )
(25) 利得 ( )	(26) 觀覽 ( )
(27) 體得 ( )	(28) 羅列 ( )
(29) 電燈 ( )	(30) 街路燈 ( )

❷ 다음 漢字의 訓과 音을 쓰세요.

(1) 卵 ( )	(2) 毒 ( )
(3) 得 ( )	(4) 覽 ( )
(5) 羅 ( )	(6) 豆 ( )
(7) 督 ( )	(8) 燈 ( )
(9) 斗 ( )	(10) 導 ( )

❸ 다음 밑줄 친 漢字語를 漢字로 쓰세요.

(1) 독일에서 기술을 <u>도입</u>하였다.

(2) 술은 <u>독약</u>이 되기도 하고, 보약이 되기도 한다.

(3) 그 선수는 올림픽에서 동상을 받았다.
(4) 생명의 고귀함을 체득할 수 있는 좋은 경험이었다.
(5) 전등을 끄십시오.
(6) 고구려, 백제, 신라의 삼국을 통일한 나라는 신라이다.
(7) 국경 근처에서 변란이 일어났다.
(8) 우리는 농구경기를 관람했습니다.
(9) 선생님은 학생을 감독하고 선도할 의무가 있다.
(10) 소등 해 주십시오.

❹ 다음 訓과 音에 맞는 漢字를 쓰세요.

(1) 등 등   (   )   (2) 볼 람   (   )
(3) 감독할 독   (   )   (4) 구리 동   (   )
(5) 인도할 도   (   )   (6) 콩 두   (   )

❺ 다음 漢字와 뜻이 상대 또는 반대되는 漢字를 써서 漢字語을 만드세요.

例   江 – (山)

(1) 得 – (   )   (2) (   ) – 夕
(3) (   ) – 少   (4) 因 – (   )

❻ 다음 漢字와 뜻이 비슷한 漢字를 써서 漢字語를 만드세요.

例   河 – (川)

(1) 念 – (   )   (2) (   ) – 實
(3) 技 – (   )   (4) (   ) – 考

❼ 다음 漢字語의 (   )안에 알맞은 漢字를 쓰세요.

> 例   見(物)生心 : 실물을 보면 욕심이 생김

(1) 種豆(   )豆 : 콩 심은 데 콩 난다
(2) (   )下不明 : 가까이에서 생긴 일을 오히려 잘 모름
(3) 風前(   )火 : 사물이 매우 위태로운 처지에 놓여 있음을 비유하는 말
(4) 鷄(   )有骨 : 계란에도 뼈가 있다. 즉 운이 나쁜 사람은 모처럼 좋은 기회
              가 와도 무엇하나 뜻대로 되는 일이 없음

❽ 다음 漢字의 部首로 맞는 것을 골라 그 番號를 쓰세요.

(1) 督 - (① 又 ② 叔 ③ 目 ④ 督)
(2) 銅 - (① 同 ② 金 ③ 冂 ④ 口)
(3) 斗 - (① 十 ② 丨 ③ 丶 ④ 斗)
(4) 豆 - (① 一 ② 口 ③ 豆 ④ 二)

❾ 다음 漢字와 소리는 같으나 뜻이 다른 漢字語를 쓰세요.

> 例   山水 – (算數)

(1) 監事 – (   )   (2) 假名 – (   )
(3) 得道 – (   )   (4) 半減 – (   )

❿ 다음 漢字語의 뜻을 쓰세요.

(1) 羅列 :
(2) 利得 :
(3) 消燈 :

⓫ 다음 漢字의 略字(획수를 줄인 漢字)를 쓰세요.

(1) 會 – (   )   (2) 亂 – (   )
(3) 覽 – (   )   (4) 燈 – (   )

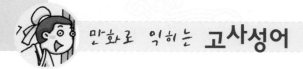

孟만 맹 母어머니 모 斷끊을 단 機틀 기

孟母斷機는 맹자와 맹자 어머니의 일화에서 유래되어 **학문을 중도에 포기하는 것은 짜던 옷감을 잘라 버리는 것과 같이 의미가 없는 일임**을 비유하여 쓰이는 성어이다.

맹자가 집을 떠나 공부를 하던 중 갑자기 어머니가 보고 싶어 집으로 돌아갔다.

그러자 맹자(孟)의 어머니(母)는 짜고 있던 베(機)를 칼로 잘라(斷) 버렸다.

이에 맹자가 크게 뉘우치고 더욱 더 열심히 학문에 힘써 대학자가 되었다.

✍ 아래의 풀이에 알맞은 한자를 쓰세요.

①						②		
		③		④				石
⑤	下	不				有		
火						骨		
	⑥	中	之	⑦				
							⑧	客
	自		日					
⑨	失		記					

▶ **가로 열쇠**

④ 계란으로 바위치기. 아주 약한 것으로 강한 것에 대항하려는 어리석음을 비유

⑤ 가까이에서 생긴 일을 오히려 잘 모름

⑥ 같은 패 안에서 일어나는 싸움

⑧ 영화나 연극, 무용 등의 무대 공연을 구경하는 사람

⑨ 이로움과 해로움 또는 얻음과 잃음

▼ **세로 열쇠**

① 사물이 매우 위태로운 처지에 놓여 있음

② 운이 나쁜 사람은 모처럼 좋은 기회가 와도 무엇 하나 뜻대로 되는 일이 없음

③ 그 내용을 상대편이 쉽게 알 수 있도록 풀어서 말하는 것

⑥ 자기가 저지른 일의 과보를 자신이 받음

⑦ 충무공 이순신이 임진 왜란 7년 동안의 전쟁 중에 쓴 일기

⑧ 영화, 연극, 무용 등을 구경을 하는 것

4급 ②과정 한자능력검정시험

 略 간략할 약할 략

兩 두 량

 糧 양식 량

 慮 생각할 려

 麗 고울 려

 連 이을 련

 列 벌릴 렬

 烈 매울 렬

 錄 기록할 록

 論 논할 론

 龍 용 룡

 柳 버들 류

✏️ 다음 한자의 훈음을 알아 보고 빈 칸에 알맞게 쓰세요.

略

훈 간략할/ 약할　　음 략

田(밭 전)이 뜻부분, 各(각각 각)이 음부분으로 토지를 경영하다는 뜻에서 '꾀하다. 대강' 등을 뜻한다.

兩

훈 두　　음 량:

저울에 두 개의 추가 매달린 모습을 본뜬 글자로 '두, 짝' 등을 뜻한다.

田부수 총 11획　　　　　　　略 略 略 略 田 略 略 略 略 略 略

略

간략할
약할 **략**

略 略 略 略 略 略 略

간략할/ 약할 략

| 어휘 : 計略(계략) 簡略(간략) 略圖(약도) | 유의어 : 簡(간략할 간)

入부수 총 8획　　　　　　　兩 兩 兩 兩 兩 兩 兩 兩

兩

두 **량**

兩 兩 兩 兩 兩 兩 兩

두 량

약자

両

| 어휘 : 兩親(양친) 兩班(양반)
| 사자성어 : 一擧兩得(일거양득) – 한 가지 일로 두 가지 이득을 얻음.

✏️ 다음 한자의 훈음을 알아 보고 빈 칸에 알맞게 쓰세요.

훈 양식   음 량

米(쌀 미)가 뜻부분, 量(헤아릴 량)은 음부분으로 필요한 만큼 헤아려 비축해 놓은 것이란 데서 '양식'을 뜻한다.

훈 생각할   음 려:

广(범의문채 호)가 음부분, 思(생각 사)가 뜻부분이다. 무엇을 도모하고자 하는 생각이란 뜻에서 '생각하다, 걱정하다'를 뜻한다.

米부수 총 18획	糧糧糧糧糧糧糧糧糧糧糧糧糧

糧

양식 **량**

糧 糧 糧 糧 糧 糧 糧

어휘 : 糧食(양식) 軍糧(군량) 糧穀(양곡)

心부수 총 15획	慮慮慮慮慮慮慮慮慮慮慮慮

慮

생각할 **려**

慮 慮 慮 慮 慮 慮 慮

사자성어 : 千慮一失(천려일실) - 지혜로운 사람도 생각이 많은 가운데 잘못되는 것도 있을 수 있음.

유의어 : 考(생각할 고), 思(생각 사)

📖 다음 한자의 훈음을 알아 보고 빈 칸에 알맞게 쓰세요.

麗

훈 고울   음 려

양쪽 뿔이 특이하고 아름다운 사슴 모양을 본 뜬 것으로 '**아름답다, 곱다**'를 뜻한다.

連

훈 이을   음 련

길을 가다라는 뜻인 辶(착)과 수레 거(車)가 합쳐진 것으로, 수레를 줄줄이 이어서 끌고 가는 모습에서 '**늘어서다, 이어지다**'를 뜻한다.

鹿부수 총 19획	麗麗麗麗麗麗麗麗麗麗麗麗麗

麗

고울 **려**

약자

麗

| 어휘 : 華麗(화려) 秀麗(수려) | 유의어 : 美(아름다울 미) |

사자성어 : 美辭麗句(미사여구) – 아름다운 문구.

辶(辵)부수 총 11획	連連連連連車車連連連連

連

이을 **련**

| 어휘 : 連續(연속) 連休(연휴) | 유의어 : 續(이을 속) |

📝 다음 한자의 훈음을 알아 보고 빈 칸에 알맞게 쓰세요.

列

훈 벌릴   음 렬

歹(앙상할뼈 알)과 刀(칼 도)가 합쳐진 것으로 뼈와 살을 가르는 모습에서 '벌리다, 가르다' 등을 뜻한다.

烈

훈 매울   음 렬

火(불 화)가 뜻부분, 列(벌릴 렬)이 음부분이다. 맹렬히 타오르는 불길이란 뜻에서 '세차다, 굳세다'를 뜻한다.

リ(刀)부수 총 6획	列 列 列 列 列 列

列

벌릴 **렬**

列	列	列	列	列	列	列

| 어휘 : 列擧(열거) 序列(서열) 行列(항렬, 행렬) 隊列(대열)

⺣(火)부수 총 10획	烈 烈 烈 烈 烈 烈 烈 烈 烈 烈

烈

매울 **렬**

烈	烈	烈	烈	烈	烈	烈

| 어휘 : 烈士(열사) 壯烈(장렬) 激烈(격렬) 先烈(선열)

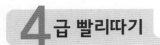

✏️ 다음 한자의 훈음을 알아 보고 빈 칸에 알맞게 쓰세요.

훈 기록할　음 록

훈 논할　음 론

金(쇠 금)이 뜻부분, 彔(나무깎을 록)이 음부분이다. 예전에는 종이가 없어 나무나 쇠붙이에 글을 썼기 때문에 '**기록하다, 적다**' 등을 뜻한다.

言(말씀 언)이 뜻부분, 侖(둥글 륜)이 음부분이다. 말을 할 때 조리있게 순서를 세워 말해야 한다는데서 '**의견, 학설**' 등을 뜻한다.

金부수 총 16획　　　　　　　　　　　錄 錄 錄 錄 錄 錄 錄 錄 錄

錄	錄	錄	錄	錄	錄	錄	錄
錄							
기록할 **록**	기록할 록						

어휘 : 記錄(기록)　目錄(목록)　登錄(등록)	유의어 : 記(기록할 기)

言부수 총 15획　　　　　　　　　　　論 論 論 論 論 論 論 論 論 論 論

論	論	論	論	論	論	論	論
論							
논할 **론**	논할 론						

사자성어 : 卓上空論(탁상공론) – 현실성 없는 허황된 이론이나 논의.
　　　　　論功行賞(논공행상) – 공의 유무나 대소를 따져 그에 합당한 상을 줌.

📝 다음 한자의 훈음을 알아 보고 빈 칸에 알맞게 쓰세요.

훈 용   음 룡

상상 속의 동물인 '용'의 모습을 본뜬 글자이다.

훈 버들   음 류(ː)

木(나무 목)이 뜻부분, 卯(토끼 묘)가 음부분이다. 물이 흘러가는 것처럼 줄기가 늘어져 있는 '버드나무'를 뜻한다.

龍부수 총 16획	龍 龍 龍 龍 龍 龍 龍 龍 龍 龍 龍 龍 龍 龍 龍 龍

龍

용 **룡**

龍 龍 龍 龍 龍 龍 龍

약자

竜

어휘 : 龍宮(용궁) 龍顔(용안) 登龍門(등용문)
사자성어 : 龍頭蛇尾(용두사미) – 용의 머리, 뱀의 꼬리라는 뜻으로 시작은 거창하나 뒤로 갈수록 흐지부지 함.

木부수 총 9획	柳 柳 柳 柳 柳 柳 柳 柳 柳

柳

버들 **류**

柳 柳 柳 柳 柳 柳 柳

어휘 : 細柳(세류) 花柳(화류)
사자성어 : 柳綠花紅(유록화홍) – 버들은 푸르고 꽃은 붉다. 봄 경치.

월   일 이름   확인

1 다음 漢字語의 讀音을 쓰세요.

(1) 論壇　　（　　　）　　　(2) 略式　　（　　　）
(3) 記錄　　（　　　）　　　(4) 簡略　　（　　　）
(5) 省略　　（　　　）　　　(6) 連敗　　（　　　）
(7) 略歷　　（　　　）　　　(8) 花柳界　（　　　）
(9) 略圖　　（　　　）　　　(10) 兩面　　（　　　）
(11) 列車　　（　　　）　　　(12) 兩極　　（　　　）
(13) 行列　　（　　　）　　　(14) 糧穀　　（　　　）
(15) 靑龍　　（　　　）　　　(16) 連休　　（　　　）
(17) 登錄　　（　　　）　　　(18) 軍糧米　（　　　）
(19) 考慮　　（　　　）　　　(20) 論理　　（　　　）
(21) 念慮　　（　　　）　　　(22) 錄音　　（　　　）
(23) 美麗　　（　　　）　　　(24) 流麗　　（　　　）
(25) 高慮　　（　　　）　　　(26) 激烈　　（　　　）
(27) 連結　　（　　　）　　　(28) 龍宮　　（　　　）
(29) 烈女　　（　　　）　　　(30) 隊列　　（　　　）

2 다음 漢字의 訓과 音을 쓰세요.

(1) 錄　　（　　　）　　　(2) 柳　　（　　　）
(3) 糧　　（　　　）　　　(4) 慮　　（　　　）
(5) 麗　　（　　　）　　　(6) 兩　　（　　　）
(7) 龍　　（　　　）　　　(8) 烈　　（　　　）
(9) 略　　（　　　）　　　(10) 論　　（　　　）

3 다음 漢字語를 漢字로 쓰세요.

(1) 연결(하나로 이어지게 하는 것)
(2) 약도(간단하게 줄여 대충 그린 그림)
(3) 논단(① 토론을 할 때 올라서는 단 ② 논객들의 사회)

(4) 연패(싸울 때마다 연달아서 패하는 것)

(5) 녹음(소리를 기록하여 넣는 것)

(6) 열거(여러 가지를 하나씩 들어서 말함)

(7) 양곡(양식으로 쓰는 곡식)

④ 다음 訓과 音에 맞는 漢字를 쓰세요.

(1) 용 룡   (   )   (2) 두 량   (   )

(3) 기록할 록   (   )   (4) 생각할 려   (   )

(5) 이을 련   (   )   (6) 매울 렬   (   )

⑤ 다음에 例示한 漢字語 중에서 앞 글자가 長音으로 發音되는 것을 골라 그 番號를 쓰세요.

(1) ① 計略 ② 龍宮 ③ 苦難 ④ 記錄

(2) ① 論文 ② 兩極 ③ 烈士 ④ 場所

(3) ① 烈火 ② 連勝 ③ 念慮 ④ 究明

(4) ① 行列 ② 君臣 ③ 論說 ④ 講論

⑥ 다음 漢字와 뜻이 상대 또는 반대되는 漢字를 써서 漢字語를 만드세요.

| 例 | 江 – (山) |

(1) (   ) – 答   (2) 善 – (   )

(3) (   ) – 舊   (4) 黑 – (   )

⑦ 다음 漢字와 뜻이 비슷한 漢字를 써서 漢字語를 만드세요.

| 例 | 河 – (川) |

(1) 考 – (   )   (2) (   ) – 木

(3) 戰 – (   )   (4) (   ) – 別

❽ 다음 漢字語의 (   ) 속에 알맞은 漢字를 쓰세요.

> 例 見(物)生心 : 실물을 보면 욕심이 생김

(1) 一擧(   )得 : 한 가지 일로 두 가지 이익을 얻음
(2) 千(   )一失 : 지혜로운 사람도 많은 생각 가운데에는 잘못되는 것도
있을 수 있음
(3) 卓上空(   ) : 현실성이 없는 허황된 이론이나 논의
(4) (   )綠花紅 : 버들은 푸르고 꽃은 붉다. 봄 경치를 일컫는 말

❾ 다음 漢字의 部首로 맞는 것을 골라 그 番號를 쓰세요.

(1) 略 – (① 田 ② 夂 ③ 口 ④ 各)
(2) 慮 – (① 虍 ② 思 ③ 心 ④ 田)
(3) 龍 – (① 立 ② 月 ③ 肉 ④ 龍)
(4) 麗 – (① 比 ② 鹿 ③ 一 ④ 广)

❿ 다음 漢字語의 뜻을 쓰세요.

(1) 烈士 :
(2) 考慮 :
(3) 激烈 :
(4) 省略 :

⓫ 다음 漢字의 略字(획수를 줄인 漢字)를 쓰세요.

(1) 萬 (   )   (2) 麗 (   )
(3) 龍 (   )   (4) 兩 (   )

刎 목벨 문 頸 목 경 之 어조사 지 交 사귈 교

刎頸之交 는 목을 베어도 변치 않을 사귐이란 뜻으로 변치 않는 깊은 우정을 말한다.

내 공이 인상여 보다 적지 않건만 어찌하여 나보다더 높은 지위에 있는 것인가?

염파

내 인상여를 만나기만 하면 망신을 줄테다.

조나라에 염파와 인상여라는 두 인물이 있었다. 그러나 염파는 많은 공을 세웠음에도 불구하고 인상여가 더 높은 지위에 오르게 되자 이를 분하게 여겼다.

...라고 말했다 하옵니다.

인상여-

이런......

아니 어찌하여 피해다니시고만 계십니까?

이 소식을 들은 인상여가 염파를 슬슬 피해다니자, 그의 부하가 묻기를

너는 진나라 왕이 무서운가. 염파가 무서운가?

물론 진나라 왕입니다.

진나라가 우리 조나라를 쳐들어오지 못하는 것은 바로, 염파와 나, 두 사람이 있기 때문이다.

그런데 내어찌 염파와 싸울 수 있겠느냐!

이 소식을 들은 염파는 벗은 몸에 가시나무를 지고 인상여를 찾아가 잘못을 빌었고 두 사람은 변치 않을 깊은 우정을 쌓았다고 한다.

🖋 아래의 풀이에 알맞은 한자를 쓰세요.

①卓			②			③		一	失
						萬			
		行				多			
		賞				④	福		
⑤				⑥美					
			⑦						
⑧	結						⑨一		⑩
勝								親	

▶ 가로 열쇠

① 현실성이 없는 허황된 이론이나 논의
③ 지혜로운 사람도 생각이 많은 가운데에는 잘못되는 것도 있을 수 있음
④ 사람이 생활 속에서 기쁘고 즐거운 만족을 느끼는 상태에 있는 것
⑦ 만주 일대와 한반도 북부에 있던 고대 국가의 하나
⑧ 대상과 다른 대상을 서로 관계가 있게 하는 것
⑨ 한 가지 일로 두 가지 이익을 얻음

▼ 세로 열쇠

② 공의 유무나 대소를 따져 그에 합당한 상을 줌
③ 매우 다행함
⑤ 싸울 때마다 연달아 이김
⑥ 아름답고 곱다
⑩ 아버지와 어머니

4급 한자능력검정시험

 留 머무를 류

 輪 바퀴 륜

 律 법칙 률

 離 떠날 리

 滿 찰 만

 妹 누이 매

 脈 줄기 맥

 勉 힘쓸 면

 鳴 울 명

 毛 터럭 모

 模 본뜰 모

 牧 칠 목

📝 다음 한자의 훈음을 알아 보고 빈 칸에 알맞게 쓰세요.

훈 머무를　음 류

훈 바퀴　음 륜

田(밭 전)이 뜻부분, 卯(토끼 묘)가 음부분이다. 밭에 우거진 풀을 베고 있다는데서 '머무르다'를 뜻한다.

車(수레 거)가 뜻부분, 侖(둥글 륜)이 음부분이다. 수레의 둥근 것, 곧 '바퀴'를 뜻한다.

田부수 총 10획　　留留留留留留留留留留

留

머무를 **류**

어휘 : 留念(유념) 停留場(정류장) 留意(유의)　유의어 : 停(머무를 정)
사자성어 : 人死留名(인사유명) – 사람은 죽어서 이름을 남김.

車부수 총 15획　輪輪輪輪輪輪車車輪輪輪輪輪輪輪

輪

바퀴 **륜**

어휘 : 年輪(연륜) 競輪(경륜) 輪讀(윤독) 五輪旗(오륜기)

✏️ 다음 한자의 훈음을 알아 보고 빈 칸에 알맞게 쓰세요.

훈 법칙   음 률

彳(자축거릴 척)이 뜻부분, 聿(붓 율)이 음부분이다. 글을 써서 널리 알리기 위하여 길거리에 붙이는 것으로 '법률, 음률'을 뜻한다.

훈 떠날   음 리:

离(떠날 리)가 음부분, 隹(새 추)가 뜻부분이다. 새가 그물이 쳐진 곳을 멀리 날아서 '떠나다, 벗어나다'를 뜻한다.

彳부수 총 9획	律律律律律律律律律

律

법칙 **률**

어휘 : 法律(법률) 音律(음률) 規律(규율)	유의어 : 法(법 법), 規(법 규)

隹부수 총 19획	離離離離離离离离离离离离离離離

離

약자

难

떠날 **리**

어휘 : 分離(분리) 離別(이별) 離散(이산)	상대반의어 : 合(합할 합)

사자성어 : 會者定離(회자정리) – 만나는 사람은 반드시 헤어진다.

다음 한자의 훈음을 알아 보고 빈 칸에 알맞게 쓰세요.

훈 찰　　음 만(:)

水(수)가 뜻부분, 㒼(만)이 음부분이다. 물이 가
득 차 흘러 넘친다는데서 '가득하다, 차다' 등
을 뜻한다.

훈 누이　　음 매

女(계집 녀)가 뜻부분, 未(아닐 미)가 음부분이
다. 나보다 나이 어린 여자라는데서, '손아래 누
이'를 뜻한다.

氵(水)부수 총 14획　　　　　　　滿滿滿滿滿滿滿滿滿滿滿滿

滿

滿 滿 滿 滿 滿 滿 滿

약자

滿

찰 **만**

찰 만

| 어휘 : 滿足(만족) 不滿(불만) 滿期(만기) 滿員(만원)

女부수 총 8획　　　　　　　　乀妹妹妹妺妹妹妹

妹

妹 妹 妹 妹 妹 妹 妹

누이 **매**

누이 매

| 어휘 : 姉妹(자매) 男妹(남매) 妹夫(매부)　　　　　　| 상대반의어 : 姉(손위 누이 자)

📄 다음 한자의 훈음을 알아 보고 빈 칸에 알맞게 쓰세요.

훈 줄기   음 맥

肉(고기 육)과 派(갈래 파)가 합쳐진 것으로 피가 몸으로 순환하는 줄기, 즉 **'맥, 줄, 연잇다'** 등을 뜻한다.

훈 힘쓸   음 면:

力(힘 력)이 뜻부분, 免(면할 면)이 음부분이다. **'노력하다, 힘쓰다'** 를 뜻한다.

月(肉)부수 총 10획　　　　　脈 脈 脈 脈 脈 脈 脈 脈 脈 脈

脈	脈	脈	脈	脈	脈	脈
줄기 **맥**						

어휘 : 山脈(산맥) 動脈(동맥) 命脈(명맥)
사자성어 : 氣盡脈盡(기진맥진) – 기력이 다하고 맥이 풀림.

力부수 총 9획　　　　　　　勉 勉 勉 免 免 免 免 免 勉

勉	勉	勉	勉	勉	勉	勉
힘쓸 **면**						

어휘 : 勉學(면학) 勤勉(근면)

월   일   이름: 확인:

✏️ 다음 한자의 훈음을 알아 보고 빈 칸에 알맞게 쓰세요.

훈 울   음 명

口(입 구)와 鳥(새 조)가 합쳐진 것으로 새가 입으로 운다는데서 **'울다, 울림'** 등을 뜻한다.

훈 터럭   음 모

'털' 이 나 있는 모양을 본뜬 글자이다.

鳥부수 총 14획

鳴鳴鳴鳴鳴鳴鳴鳴鳴鳴鳴鳴鳴鳴

鳴

울 명

어휘 : 悲鳴(비명) 自鳴鍾(자명종)　　　　　　　　　모양이 비슷한 한자 : 嗚(슬플 오 : 3급)
사자성어 : 百家爭鳴(백가쟁명) – 많은 학자나 논객이 자기의 설을 자유롭게 발표하여 논쟁하는 일.

毛부수 총 4획

毛毛毛毛

毛

터럭 모

어휘 : 毛髮(모발) 毛皮(모피)　　　　　　　　　유의어 : 髮(터럭 발)
사자성어 : 九牛一毛(구우일모) – 썩 많은 것 중의 극히 적은 부분.　　모양이 비슷한 한자 : 手(손 수)

✏️ 다음 한자의 훈음을 알아 보고 빈 칸에 알맞게 쓰세요.

훈 본뜰　음 모

木이 뜻부분, 莫(저물 모)가 음부분으로 특정 나무 이름으로 쓰였으나, **'모범, 본뜨다'** 등을 뜻하게 되었다.

훈 칠　음 목

손에 막대기를 들고(攵) 소(牛)를 풀이 있는 곳으로 인도하여 먹인다는데서 **'기르다, 치다'** 등을 뜻한다.

木부수 총 15획	模模模模模模模模模模模模模模模
模	模　模　模　模　模　模　模
본뜰 **모**	

| 어휘 : 模範(모범)　模樣(모양)　規模(규모)　模寫(모사) |

牛부수 총 8획	牧牧牧牧牧牧牧牧
牧	牧　牧　牧　牧　牧　牧　牧
칠 **목**	

어휘 : 牧場(목장)　遊牧(유목)　牧童(목동)　牧者(목자)
사자성어 : 牧民心書(목민심서) – 다산 정약용이 치민에 대한 도리를 논술한 책.

※ 다음 글을 읽고 물음에 답하시오. (❶ ~ ❷)

인류⁽⁵⁾의 역사⁽⁶⁾와 문화는 여러 갈래로 전수, 發達⁽¹⁾되어 왔지만 가장 정확하게 믿을 수 있는 것은 책의 기록⁽⁷⁾이라고 할 수 있다. 만약 책이 없었다면 오늘의 문화, 문명을 어찌 期待⁽²⁾할 수 있었겠는가? 여기서 우리는 책의 중요성⁽⁸⁾을 깨닫게 된다.

교육⁽⁹⁾에는 가정⁽¹⁰⁾ 교육, 학교⁽¹¹⁾ 교육, 社會⁽³⁾ 교육이 있는데 어느 한 가지도 중요하지 않은 것이 없다. 그 세 가지 중 학교 교육은 다른 교육과 달리 연한이 정해져 있다. 말귀를 알아 듣고 말을 할 줄 아는 어린 아이때부터 시작⁽¹²⁾하여 身體⁽⁴⁾가 성장⁽¹³⁾하면서 사리⁽¹⁴⁾를 제대로 판단할 줄 아는 시기까지 계속되는 시간이다. 이 시기는 한 사람의 일생을 통해서 가장 중요한 연한이라고 할 수 있다.

❶ 윗글에서 밑줄 친 漢字語 (1)~(4)의 讀音을 쓰세요.

(1) 發達　(　　)　(2) 期待　(　　)
(3) 社會　(　　)　(4) 身體　(　　)

❷ 윗글에서 밑줄 친 漢字語 (5)~(14)를 漢字로 쓰세요.

(5) 인류　(　　)　(6) 역사　(　　)
(7) 기록　(　　)　(8) 중요성　(　　)
(9) 교육　(　　)　(10) 가정　(　　)
(11) 학교　(　　)　(12) 시작　(　　)
(13) 성장　(　　)　(14) 사리　(　　)

❸ 다음 漢字語의 讀音을 쓰세요.

(1) 滿期　(　　)　(2) 留念　(　　)
(3) 模寫　(　　)　(4) 牧童　(　　)
(5) 勉學　(　　)　(6) 牧歌　(　　)
(7) 毛根　(　　)　(8) 男妹　(　　)
(9) 規律　(　　)　(10) 律動　(　　)
(11) 妹夫　(　　)　(12) 法律　(　　)

(13) 音律   (   )   (14) 離陸   (   )
(15) 離別   (   )   (16) 留級   (   )
(17) 滿足   (   )   (18) 調律   (   )
(19) 妹兄   (   )   (20) 共鳴   (   )
(21) 命脈   (   )   (22) 牧場   (   )
(23) 留意   (   )   (24) 勤勉   (   )
(25) 留學   (   )   (26) 鷄鳴   (   )

❹ 다음 漢字의 訓과 音을 쓰세요.

(1) 模   (   )   (2) 妹   (   )
(3) 律   (   )   (4) 離   (   )
(5) 滿   (   )   (6) 留   (   )
(7) 脈   (   )   (8) 牧   (   )
(9) 輪   (   )   (10) 勉   (   )

❺ 다음에 例示한 漢字語 중에서 앞 글자가 長音으로 發音되는 것을 골라 그 番號를 쓰세요.

(1) ① 牧場 ② 山脈 ③ 戒律 ④ 規模
(2) ① 毛筆 ② 男妹 ③ 不滿 ④ 滿發
(3) ① 勸勉 ② 鷄鳴 ③ 車輪 ④ 一致
(4) ① 離別 ② 龍宮 ③ 牧童 ④ 合法

❻ 다음 漢字와 뜻이 상대 또는 반대되는 漢字를 써서 漢字語를 만드세요.

例   江 - (山)

(1) 干 - (   )   (2) (   ) - 合
(3) 輕 - (   )   (4) (   ) - 過

❼ 다음 漢字와 뜻이 비슷한 漢字를 써서 漢字語를 만드세요.

例   河 － (川)

(1) (   ) － 留   (2) (   ) － 冷
(3) 住 － (   )   (4) (   ) － 和

❽ 다음 漢字語의 ( ) 속에 알맞은 漢字를 쓰세요.

例   見(物)生心 : 실물을 보면 욕심이 생김

(1) 人死(   )名 : 사람은 죽어서 이름을 남긴다
(2) 會者定(   ) : 만나는 사람은 반드시 헤어지게 된다는 말
(3) 百家爭(   ) : 많은 학자나 논객이 자기의 설을 자유롭게 발표하여
                     논쟁하는 일
(4) 九牛一(   ) : 썩 많은 것 중의 극히 적은 부분

❾ 다음 漢字의 部首로 맞는 것을 골라 그 番號를 쓰세요.

(1) 離 －(① 亠 ② 离 ③ 隹 ④ 厶)
(2) 牧 －(① 牧 ② 午 ③ 攵 ④ 牛)
(3) 勉 －(① 力 ② 免 ③ 勉 ④ 刀)
(4) 毛 －(① 一 ② 手 ③ 毛 ④ 二)

❿ 다음 漢字語의 뜻을 쓰세요.

(1) 留意 :
(2) 滿期 :
(3) 牧童 :
(4) 妹夫 :

⓫ 다음 漢字의 略字(획수를 줄인 漢字)를 쓰세요.

(1) 滿 － (   )   (2) 體 － (   )
(3) 數 － (   )   (4) 離 － (   )

白 흰백　　眉 눈썹 미

白眉는 마량에게서 유래하여 **형제들이나 많은 사람들 가운데 가장 뛰어난 인물**을 가리킬 때 쓰이는 말이다.

촉나라에 마량이란 사람이 있었는데, 그 형제 5명이 모두 뛰어난 재주를 갖고 있었다.

양

오… 저분들이 바로 그 유명한 마씨 5형제요?

네. 그러하옵니다.

그 중에서도 특히 마량이라는 자가 가장 출중하다고 들었는데…

네, 바로 저기 흰 눈썹을 가진 분이올시다.

세상 사람들은 마량의 재주를 가장 출중하다 평가 했다.

오. 과연…
흰 눈썹…
백미(白眉)라…

마량에게는 흰 눈썹이 있었기 때문에 마량을 일컬어 백미라고도 불렀다.

아래의 풀이에 알맞은 한자를 쓰세요.

		①					②		一	
③			名							
		場					一			
				④	⑤		生			
								⑥	期	
								場		
⑦			⑧		心					
					書					
			別							

▶ **가로 열쇠**

② 썩 많은 것 중의 극히 적은 부분
③ 사람은 죽어서 이름을 남김
④ 가축을 놓아 기르는 것
⑥ 정한 기한이 다 참
⑦ 만나는 사람은 반드시 헤어지게 된다

▼ **세로 열쇠**

① 여객의 승하차를 위하여 자동차가 머무르는 일정한 장소
② 여러 차례 죽을 고비를 겪고 겨우 살아남
⑤ 다산 정약용이 치민에 대한 도리를 논술한 책
⑥ 회장에 모인 모든 사람의 의견이 완전히 같음
⑧ 서로 갈리어 떨어지는 것. 헤어짐

 妙 묘할 묘

 墓 무덤 묘

 武 호반 무

 務 힘쓸 무

 舞 춤출 무

 未 아닐 미

 味 맛 미

 密 빽빽할 밀

 拍 칠 박

 博 넓을 박

 髮 터럭 발

 妨 방해할 방

✏️ 다음 한자의 훈음을 알아 보고 빈 칸에 알맞게 쓰세요.

훈 묘할   음 묘:

여자 녀(女)와 젊을 소(少)를 합친 자로, '**젊다,
예쁘다, 묘하다**' 등을 뜻한다.

훈 무덤   음 묘:

土(흙 토)가 뜻부분, 莫(저물 모)가 음부분이다.
늙어 죽어서 땅 속에 묻힌 모양에서 '**무덤**'을
뜻한다.

女부수 총 7획						妙 妙 妙 妙 妙 妙 妙	
妙	妙	妙	妙	妙	妙	妙	妙
묘할 **묘**	묘할 묘						

| 어휘 : 妙技(묘기) 巧妙(교묘) 妙案(묘안) 妙手(묘수) 妙藥(묘약)

土부수 총 14획						墓 墓 墓 墓 墓 墓 墓 莫 莫 莫 墓 墓	
墓	墓	墓	墓	墓	墓	墓	墓
무덤 **묘**	무덤 묘						

| 어휘 : 墓碑(묘비) 省墓(성묘) 墓地(묘지) | 유의어 : 墳(무덤 분 : 3급)

월   일   이름: 확인:

✏️ 다음 한자의 훈음을 알아 보고 빈 칸에 알맞게 쓰세요.

훈 호반   음 무:

훈 힘쓸   음 무:

戈(창 과)와 止(발자국 지)가 합쳐진 것으로 창을 들고 전쟁터에 나가는 모습에서 '호반(무사), 굳세다, 군인' 등을 뜻한다.

力(힘 력)이 뜻부분, 敄(굳셀 무)가 음부분이다. 온 힘을 다해 '힘쓰다, 일한다'를 뜻한다.

止부수 총 8획					武武武武武武武武		
武	武	武	武	武	武	武	武
호반 무	호반 무						

어휘 : 武器(무기) 武藝(무예) 武士(무사)　　　　상대반의어 : 文(글월 문)

力부수 총 11획				務務務務務務務務務務		
務	務	務	務	務	務	務
힘쓸 무	힘쓸 무					

어휘 : 義務(의무) 敎務室(교무실) 勤務(근무) 事務(사무)
사자성어 : 務實力行(무실역행) - 참되고 실속 있도록 힘써 실행함.

✏️ 다음 한자의 훈음을 알아 보고 빈 칸에 알맞게 쓰세요.

훈 춤출   음 무:

無(없다 무)가 음부분, 舛(어그러질 천)이 뜻부분이다. 서로 발을 엇갈리면서 **'춤을 춘다'**를 뜻한다.

훈 아닐   음 미(:)

나무(木)에 어린 가지(-)가 뻗은 모양을 본뜬 것이다. 어린 가지가 아직 자라지 않음에서 **'아직, ~ 아니다'** 등을 뜻한다.

| 舛부수 총 14획 | 舞 舞 舞 舞 舞 舞 舞 舞 舞 舞 舞 舞 舞 舞 |

舞
춤출 **무**

舞	舞	舞	舞	舞	舞	舞
춤출 무						

| 어휘 : 舞臺(무대) 歌舞(가무) 亂舞(난무) |

| 木부수 총 5획 | 未 未 未 未 未 |

未
아닐 **미**

未	未	未	未	未	未	未
아닐 미						

| 어휘 : 未來(미래) 未定(미정) | 모양이 비슷한 한자 : 末(끝 말) |

사자성어 : 前代未聞(전대미문) – 지금까지 들어 본 적이 없음.

✎ 다음 한자의 훈음을 알아 보고 빈 칸에 알맞게 쓰세요.

훈 맛   음 미:

□(입 구)가 뜻부분, 未(아닐 미)가 음부분이다. 입으로 맛을 본다는 뜻에서 **'맛, 맛보다'** 등을 뜻한다.

훈 빽빽할   음 밀

山(메 산)이 뜻부분, 宓(몰래 밀)이 음부분이다. 산에는 나무들이 빽곡하였기에 **'빽빽하다, 꼼꼼하다, 몰래'** 등을 뜻한다.

□부수 총 8획						味味味味味味味味

味
맛 미

어휘 : 味覺(미각) 調味料(조미료) 別味(별미)	모양이 비슷한 한자 : 昧(어두울 매 : 1급)

⌀부수 총 11획						密密密密密密密密密密密

密
빽빽할 밀

어휘 : 細密(세밀) 密林(밀림) 密告(밀고)	모양이 비슷한 한자 : 蜜(꿀 밀 : 3급)

✏️ 다음 한자의 훈음을 알아 보고 빈 칸에 알맞게 쓰세요.

훈 칠   음 박

手(손 수)가 뜻부분, 白(흰 백)이 음부분이다. 손을 가볍게 친다는데서 '손뼉을 치다, 박수' 등을 뜻한다.

훈 넓을   음 박

十(열 십)이 뜻부분, 尃(펼 부)가 음부분이다. 충분할 정도로 펼쳐져 있는 상태 즉, '넓다'를 뜻한다.

扌(手)부수 총 8획   拍 拍 拍 拍 拍 拍 拍 拍

拍

칠 **박**

칠박

어휘 : 拍手(박수) 拍子(박자)
사자성어 : 拍掌大笑(박장대소) – 손뼉을 치며 한바탕 크게 웃음.

十부수 총 12획   博 博 博 博 博 博 博 博 博 博 博 博

博

넓을 **박**

넓을박

어휘 : 博識(박식) 博覽會(박람회) 博愛(박애)   모양이 비슷한 한자 : 傳(전할 전)
사자성어 : 博學多識(박학다식) – 학문이 넓고 식견이 많음.

✏️ 다음 한자의 훈음을 알아 보고 빈 칸에 알맞게 쓰세요.

훈 터럭   음 발

머리털이 드리워진 모양이(髟) 뜻부분, 犮(달릴 발)이 음부분이다. '**머리털**'을 뜻한다.

훈 방해할   음 방

女(계집 녀)가 뜻부분, 方(모 방)이 음부분이다. 남자가 여색에 빠져 일을 그르친다는데서, '**방해하다, 장애**' 등을 뜻한다.

髟부수 총 15획	丨 丨 丨 丨 丨 丨 髟 髟 髟 髟 髟 髟 髟 髮 髮

髮

터럭 **발**

어휘 : 假髮(가발) 理髮(이발) 白髮(백발)	유의어 : 毛(터럭 모)

사자성어 : 危機一髮(위기일발) – 눈 앞에 닥친 위기의 순간을 이르는 말.

女부수 총 7획	〈 女 女 妁 妨 妨 妨

妨

방해할 **방**

어휘 : 妨害(방해) 無妨(무방)	모양이 비슷한 한자 : 防(막을 방)

❶ 다음 漢字語의 讀音을 쓰세요.

(1) 妙技   (   )   (2) 斷髮   (   )
(3) 妙手   (   )   (4) 妨害   (   )
(5) 勤務   (   )   (6) 墓所   (   )
(7) 拍手   (   )   (8) 省墓   (   )
(9) 武士   (   )   (10) 妙案   (   )
(11) 無妨   (   )   (12) 白髮   (   )
(13) 妙味   (   )   (14) 武勇   (   )
(15) 理髮   (   )   (16) 醫務室   (   )
(17) 密告   (   )   (18) 歌舞   (   )
(19) 亂舞   (   )   (20) 親密   (   )
(21) 武術   (   )   (22) 未定   (   )
(23) 武器   (   )   (24) 未成年   (   )
(25) 味覺   (   )   (26) 密約   (   )

❷ 다음 漢字의 訓과 音을 쓰세요.

(1) 妨   (   )   (2) 墓   (   )
(3) 武   (   )   (4) 髮   (   )
(5) 舞   (   )   (6) 味   (   )
(7) 妙   (   )   (8) 密   (   )
(9) 拍   (   )   (10) 博   (   )

❸ 다음 밑줄 친 漢字語를 漢字로 쓰세요.

(1) 어디에서 근무하고 계십니까?
(2) 행선지는 아직 미정이다.
(3) 무기여 잘 있거라.
(4) 여름 휴가를 의미 없이 보냈습니다.
(5) 그 사람은 박애 정신이 투철하다.
(6) 우리 민족은 예부터 가무를 좋아한 민족입니다.

월   일 이름   확인

(7) 우리는 친밀한 사이이다.
(8) 그 곡은 4분의 3 박자로 이루어졌다.
(9) 이렇다할 묘안이 떠오르지 않는다.
(10) 추석날 부모님 산소에 성묘를 갔습니다.

❹ 다음 訓과 音에 맞는 漢字를 쓰세요.

(1) 터럭 발   (   )   (2) 무덤 묘   (   )
(3) 칠 박   (   )   (4) 힘쓸 무   (   )
(5) 춤출 무   (   )   (6) 빽빽할 밀   (   )

❺ 다음에 例示한 漢字語 중에서 앞 글자가 長音으로 發音되는 것을 골라 그 番號를 쓰세요.

(1) ① 博識 ② 妙計 ③ 密書 ④ 頭髮
(2) ① 省墓 ② 墓所 ③ 拍手 ④ 牧歌
(3) ① 密告 ② 責務 ③ 武器 ④ 奇妙
(4) ① 略字 ② 黑板 ③ 未來 ④ 群舞

❻ 다음 漢字와 뜻이 상대 또는 반대되는 漢字를 써서 漢字語를 만드세요.

例   江 - (山)

(1) 文 - (   )   (2) (   ) - 近
(3) (   ) - 死   (4) (   ) - 來

❼ 다음 漢字와 뜻이 비슷한 漢字를 써서 漢字語를 만드세요.

例   河 - (川)

(1) 毛 - (   )   (2) (   ) - 訓
(3) 巨 - (   )   (4) (   ) - 宅

⑧ 다음 漢字語의 (　)안에 알맞은 漢字를 쓰세요.

> 例　見(物)生心 : 실물을 보면 욕심이 생김

(1) (　　　)實力行 : 참되고 실속 있도록 힘써 실행함

(2) (　　　)學多識 : 학문이 넓고 식견이 많음

(3) 前代(　　　)聞 : 지금까지 들어본 적이 없음

(4) (　　　)掌大笑 : 손뼉을 치며 한바탕 크게 웃음

⑨ 다음 漢字의 部首로 맞는 것을 골라 그 番號를 쓰세요.

(1) 妙 - (① 女 ② 小 ③ 少 ④ 丿)

(2) 務 - (① 子 ② 力 ③ 刀 ④ 攵)

(3) 舞 - (① 舛 ② 夕 ③ 無 ④ 一)

(4) 髮 - (① 彡 ② 友 ③ 髟 ④ 長)

⑩ 다음 漢字와 소리는 같으나 뜻이 다른 漢字語를 쓰세요.

> 例　山水 - (算數)

(1) 武器 - (　　　　　)   (2) 單身 - (　　　　　)

(3) 故事 - (　　　　　)   (4) 無事 - (　　　　　)

⑪ 다음 漢字語의 뜻을 쓰세요.

(1) 妙案 :

(2) 武勇 :

(3) 親密 :

(4) 博愛 :

⑫ 다음 漢字의 略字(획수를 줄인 漢字)를 쓰세요.

(1) 廣 - (　　　　　)   (2) 鐵 - (　　　　　)

(3) 號 - (　　　　　)   (4) 舊 - (　　　　　)

塞 변방 새 翁 늙은이 옹 之 어조사 지 馬 말 마

塞翁之馬란 **변방 노인의 말**이란 뜻으로 **복(福)**이 **화(禍)**가 되기도 하고 화가 복이 되기도 한다는 뜻으로 쓰이는 고사성어이다.

애지중지하던 애마가 도망을 쳤다면서요, 많이 걱정되시겠습니다.

중국 변방(塞)에 앞날을 잘 내다보는 노인(翁)이 살았는데, 어느 날 그의 말(馬)이 도망을 쳤다.

그렇게 걱정하지 않소. 이것이 복이 될지 어찌 알겠소.

몇 달 후 그 말이 오랑캐의 준마와 함께 돌아왔다.

하하하. 축하드립니다.

음...이것이 화가 될지 어찌 알겠소.

노인의 예언대로, 얼마 후 그의 아들이 준마를 타다 낙마하여 다리가 부러졌다. 역시 사람들이 위로하자

아얏—

이 일이 복이 될지 또 어찌 알겠소.

노인의 예언대로 얼마 후 전쟁이 일어나 많은 젊은이들이 전쟁터에서 목숨을 잃었지만 그의 아들은 다리가 부러진 이유로 무사할 수 있었다.

아래의 풀이에 알맞은 한자를 쓰세요.

① 技		② 一	日	③		
藥						
		④ 事				⑤ 假
	⑥	實			⑦	
⑧						
成						
⑨ 年				⑩	多	識

▶ **가로 열쇠**

① 교묘한 기술과 재주
② 하루에 세 가지 일로 자신을 뒤돌아 봄
⑥ 참되고 실속 있도록 힘써 실행함
⑦ 머리털을 깎아 단정하게 다듬는 것
⑨ 나이의 높임말
⑩ 학문이 넓고 식견이 많음

▼ **세로 열쇠**

① 썩 잘 듣는 약
③ 조상의 산소를 찾아 돌보는 것
④ 근거가 없는 일
⑤ 치레로 머리에 쓸 수 있도록 여러 가지 모양으로 만든 머리털
⑧ 아직 성년이 되지 못한 만 20세 미만의 사람
⑩ 뭇사람을 차별 없이 두루 사랑함

 防 막을 방

 房 방 방

 訪 찾을 방

 拜 절 배

 背 등 배

 配 나눌 짝 배

 伐 칠 벌

 罰 벌할 벌

 犯 범할 범

 範 법 범

 壁 벽 벽

 邊 가 변

✏️ 다음 한자의 훈음을 알아 보고 빈 칸에 알맞게 쓰세요.

훈 막을   음 방

阜(언덕 부)가 뜻부분, 方(모 방)이 음부분이다.
공격을 막기 위하여 쌓아 놓은 **'둑, 막다, 가리다'** 등을 뜻한다.

훈 방   음 방

戶(집 호)가 뜻부분, 方(모 방)이 음부분이다.
집의 **'작은 방'** 을 뜻한다.

阝(阜) 부수 총 7획

防防防防防防防

防

막을 **방**

防 防 防 防 防 防 防

막을 방

| 어휘 : 攻防(공방) 防備(방비) | 모양이 비슷한 한자 : 妨(방해할 방) |
| | 상대반의어 : 攻(칠 공) |

戶부수 총 8획

房房房房房房房房

房

방 **방**

房 房 房 房 房 房 房

방방

어휘 : 冊房(책방) 獨房(독방)
사자성어 : 文房四友(문방사우) – 종이, 붓, 먹, 벼루의 네 가지 문방구.

✎ 다음 한자의 훈음을 알아 보고 빈 칸에 알맞게 쓰세요.

訪

훈 찾을　음 방:

言(말씀 언)이 뜻부분, 方(모 방)이 음부분이다. 사방으로 찾아다니며 '묻다, 찾다, 방문하다' 등을 뜻한다.

拜

훈 절　음 배:

手 두 개와 一이 합쳐진 자로, 두손을 모아 땅에 대고 '절하다'를 뜻한다.

言부수 총 11획　　訪訪訪訪訪訪訪訪訪訪訪

訪
찾을 **방**

| 어휘 : 訪問(방문) 探訪(탐방) 答訪(답방) | 유의어 : 探(찾을 탐)

手부수 총 9획　　拜拜拜手拜拜拜拜拜

拜
절 **배**

| 어휘 : 歲拜(세배) 拜上(배상) 禮拜(예배) 敬拜(경배)

✏️ 다음 한자의 훈음을 알아 보고 빈 칸에 알맞게 쓰세요.

背

훈 등   음 배:

North(北)은 두 사람이 등을 돌리고 있는 모양이고, 여기에 肉(고기 육)을 더해 **'등, 뒤'**를 뜻한다.

配

훈 나눌/ 짝   음 배:

술 단지(酉) 앞에 쭈그리고 앉아있는 사람(己)을 나타내어 술을 나누어주다. 술을 빚는 일을 하는 **'아내, 짝짓다'** 등을 뜻한다.

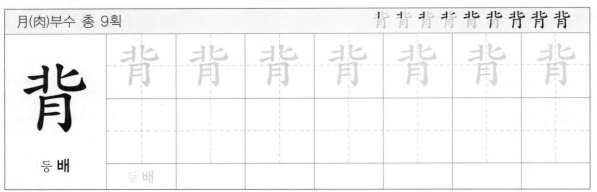

月(肉)부수 총 9획	背背背背背背背背背

背

등 배

| 어휘 : 背景(배경) 背信(배신) 背水陣(배수진) |
| 사자성어 : 背恩忘德(배은망덕) – 은덕을 저버림. |

酉부수 총 10획	配配配酉酉酉酉配配配

配

나눌
짝 배

| 어휘 : 配置(배치) 配列(배열) 配達(배달) 分配(분배) | 상대반의어 : 集(모을 집) |

✏️ 다음 한자의 훈음을 알아 보고 빈 칸에 알맞게 쓰세요.

훈칠　음벌

人(사람 인)과 戈(창 과)가 합쳐진 것으로 창으로 사람을 '**베다, 치다, 공격하다**' 등을 뜻한다.

훈벌할　음벌

詈(꾸짖을 리)와 刂(칼 도)가 합쳐진 것으로, '**벌, 꾸지람**' 등을 뜻한다.

亻(人)부수 총 6획　　　　　　　　　伐伐代代伐伐

伐

칠 **벌**

어휘 : 伐草(벌초) 討伐(토벌) 伐木(벌목)

모양이 비슷한 한자 : 代(대신할 대)
유의어 : 討(칠 토)

罒부수 총 14획

罰

벌할 **벌**

사자성어 : 一罰百戒(일벌백계) – 타의 경각심을 불러 일으키기 위하여 본보기로 중한 처벌을 하는 일.

상대반의어 : 賞(상줄 상)
유의어 : 刑(형벌 형)

✏️ 다음 한자의 훈음을 알아 보고 빈 칸에 알맞게 쓰세요.

犯

훈 범할   음 범:

犬(개 견)이 뜻부분, 巳(넘칠 범)이 음부분이다. '침범하다, 저지르다, 어기다' 등을 뜻한다.

範

훈 법   음 범:

車(수레 거)가 뜻부분, 范(법 범)이 음부분이다. 수레를 만들기 위해서는 잘 만들어진 수레를 본보기로 삼아야 한다는데서 '법, 모범'을 뜻한다.

犭(犬)부수 총 5획   犯犯犯犯犯

犯

범할 **범**

| 어휘 : 犯人(범인) 犯罪(범죄) 犯行(범행) 共犯(공범)

竹부수 총 15획   範範範範範範範範範範範範範範範

範

법 **범**

| 어휘 : 模範(모범) 範圍(범위) 規範(규범) | 유의어 : 模(본뜰 모)

📝 다음 한자의 훈음을 알아 보고 빈 칸에 알맞게 쓰세요.

훈 벽   음 벽

원래 辟(담 벽)이 벽, 담장이라는 뜻인데, 여기에 土(흙 토)를 덧붙여 흙으로 만든 '**벽**'을 뜻한다.

훈 가   음 변

辶(쉬엄쉬엄갈 착)이 뜻부분, 臱(면)이 음부분이다. '**옆, 변두리, 가장자리**' 등을 뜻한다.

土부수 총 16획	壁 壁 壁 壁 壁 壁 壁 壁 壁 壁 壁 壁 壁 壁 壁 壁

壁	壁	壁	壁	壁	壁	壁
벽 **벽**						
	벽 벽					

| 어휘 : 壁畫(벽화) 壁報(벽보) 氷壁(빙벽) 壁紙(벽지) |

辶(辵)부수 총 19획	邊 邊 邊 邊 邊 邊 邊 邊 邊 邊 邊 邊

邊	邊	邊	邊	邊	邊	邊
가 **변**						약자 · 약자
	가 변					边 · 辺

| 어휘 : 邊境(변경) 海邊(해변) 江邊(강변) 身邊(신변) |

※ 다음 글을 읽고 물음에 답하시오. (❶ ～ ❷)

　　개인⁽⁵⁾이 교양⁽⁶⁾을 습득하는 방법으로는 독서와 관찰과 사색이 있는데 복잡한 현실
생활 속에서 이것을 집중적으로 실현하기는 불가능⁽⁷⁾한 일이다. 그래서 西洋에서는
大學이라는 제도를 만들어 이 테두리 속에 가두어 놓고 인격⁽⁸⁾ 完成⁽¹⁾을 목표로 하는
교양의 연마에 집중⁽⁹⁾하게 하였다.
　　중세기 이래⁽¹⁰⁾ 르네상스 이후⁽¹¹⁾까지 대학은 교양의 습득과 연마 기관으로서 아무런
무리없이 文化의 중심이 되면서 發展⁽²⁾해 왔다. 그러나 18세기⁽¹²⁾ 말에서 19세기 초에
이르러 사회의 산업⁽¹³⁾화가 이루어지자 순수 교양의 습득과 실천 기관으로서의 대학은
變質⁽³⁾되기 始作⁽⁴⁾하였다. 우선 사회생활이 복잡다단해짐에 따라 현대⁽¹⁴⁾ 사회조직의 수
요가 달라지기 시작하여, 인간 완성이라는 교양의 목표보다는 현실적인 직업교육이
우선되어야 한다는 사회적 인식을 외면할 수 없게 되었다. 그래서 대학은 전문적인
학문 연구 기관으로서의 역할에, 실용적인 직업인 양성이라는 임무를 하나 더 떠맡지
않을 수 없는 입장에 이르렀다.

❶ 윗글에서 밑줄 친 漢字語 (1)~(4)의 讀音을 쓰세요.

(1) 完成　　（　　　　　）　　　(2) 發展　　（　　　　　）
(3) 變質　　（　　　　　）　　　(4) 始作　　（　　　　　）

❷ 윗글에서 밑줄 친 漢字語 (5)~(14)를 漢字로 쓰세요.

(5) 개인　　（　　　　　）　　　(6) 교양　　（　　　　　）
(7) 불가능　（　　　　　）　　　(8) 인격　　（　　　　　）
(9) 집중　　（　　　　　）　　　(10) 이래　　（　　　　　）
(11) 이후　　（　　　　　）　　　(12) 세기　　（　　　　　）
(13) 산업　　（　　　　　）　　　(14) 현대　　（　　　　　）

❸ 다음 漢字語의 讀音을 쓰세요.

(1) 防水　　（　　　　　）　　　(2) 敬拜　　（　　　　　）
(3) 攻防　　（　　　　　）　　　(4) 背後　　（　　　　　）

(5) 冷房　　　(　　　　)　　　(6) 伐木　　　(　　　　)

(7) 示範　　　(　　　　)　　　(8) 訪問　　　(　　　　)

(9) 賞罰　　　(　　　　)　　　(10) 壁紙　　　(　　　　)

(11) 房門　　　(　　　　)　　　(12) 江邊　　　(　　　　)

(13) 防止　　　(　　　　)　　　(14) 氷壁　　　(　　　　)

(15) 拜上　　　(　　　　)　　　(16) 模範　　　(　　　　)

(17) 歲拜　　　(　　　　)　　　(18) 共犯　　　(　　　　)

(19) 獨房　　　(　　　　)　　　(20) 背景　　　(　　　　)

(21) 規範　　　(　　　　)　　　(22) 海邊　　　(　　　　)

(23) 配給　　　(　　　　)　　　(24) 配達　　　(　　　　)

(25) 答訪　　　(　　　　)　　　(26) 罰金　　　(　　　　)

❹ 다음 訓과 音에 맞는 漢字를 쓰세요.

(1) 막을 방　(　　　　)　　　(2) 가 변　　　(　　　　)

(3) 칠 벌　　(　　　　)　　　(4) 법 범　　　(　　　　)

(5) 등 배　　(　　　　)　　　(6) 찾을 방　　(　　　　)

❺ 다음에 例示한 漢字語 중에서 앞 글자가 長音으로 發音되는 것을 골라 그 番號를 쓰세요.

(1) ① 背後 ② 規範 ③ 伐木 ④ 江邊

(2) ① 罰則 ② 博愛 ③ 妨害 ④ 訪問

(3) ① 國防 ② 配達 ③ 壁紙 ④ 防犯

(4) ① 房門 ② 拍手 ③ 身邊 ④ 拜上

❻ 다음 漢字와 뜻이 상대 또는 반대되는 漢字를 써서 漢字語를 만드세요

例　　江 – (山)

(1) 攻 – (　　　)　　　(2) 賞 – (　　　)

(3) 集 – (　　　)　　　(4) 加 – (　　　)

❼ 다음 漢字와 뜻이 비슷한 漢字를 써서 漢字語를 만드세요.

> 例　河 - (川)

(1) 模 - (　　　) (2) 階 - (　　　)

(3) 競 - (　　　) (4) 歌 - (　　　)

❽ 다음 漢字語의 (　)안에 알맞은 漢字를 쓰세요.

> 例　見(物)生心 : 실물을 보면 욕심이 생김

(1) 文(　　　)四友 : 종이, 붓, 먹, 벼루의 네 가지 문방구

(2) 一(　　　)百戒 : 타의 경각심을 불러일으키기 위하여 본보기로 중한 처벌을
　　　　　　　하는 일

(3) 信賞必(　　　) : 상벌을 규정대로 공정하고 엄중하게 하는 일

(4) (　　　)恩忘德 : 입은 은덕을 저버리고 배반함

❾ 다음 漢字의 部首를 쓰세요.

(1) 防 - (　　　) (2) 壁 - (　　　)

(3) 配 - (　　　) (4) 範 - (　　　)

(5) 邊 - (　　　) (6) 背 - (　　　)

❿ 다음 漢字와 소리는 같으나 뜻이 다른 漢字語를 쓰세요.

> 例　山水 - (算數)

(1) 攻防 - (　　　) (2) 訪韓 - (　　　)

(3) 單價 - (　　　) (4) 市價 - (　　　)

⓫ 다음 漢字의 略字(획수를 줄인 漢字)를 쓰세요.

(1) 邊 - (　　　) (2) 圖 - (　　　)

(3) 觀 - (　　　) (4) 當 - (　　　)

守 지킬 수 　株 그루 주 　待 기다릴 대 　兎 토끼 토

守株待兎는 그루터기를 지키고 토끼를 기다린다는 뜻으로 **노력하지 않고 요행을 바라는 행위나, 시세의 변화를 모르고 융통성 없이 고습만을 따라 하는 것**을 일컬어 말하는 성어이다.

그러나 그 후로 농부는 토끼 한 마리도 얻지 못하고, 세상 사람들의 웃음거리만 되었다.

아래의 풀이에 알맞은 한자를 쓰세요.

	① 知							② 交			
③				④			四				
											⑤ 一
								⑥			
⑦		⑧									百
				⑨		恩	忘				
	同							⑩ 再	⑪		
	色										

▶ **가로 열쇠**

③ 외부의 소음이나 실내의 음향을 차단하기 위해 두껍게 하거나 방음재를 사용한 벽

④ 종이, 붓, 먹, 벼루의 네 가지 문방구

⑥ 상을 줄만한 사람에게는 상을 주고 벌을 줄 사람에게는 꼭 벌을 줌

⑦ 무덤의 잡풀을 베어서 깨끗이 하는 것

⑨ 은덕을 저버리는 것

⑩ 두 번 절하는 것

▼ **세로 열쇠**

① 마음이 서로 통하는 벗

② 세속 오계의 하나, 벗은 믿음으로써 사귀어야 한다는 말

⑤ 타의 경각심을 불러 일으키기 위해 본보기로 처벌을 하는 일

⑧ 서로 같은 처지나 같은 부류의 사람들끼리 함께 함

⑨ 뒤쪽의 경치

⑪ 절하고 올림의 뜻으로 편지 끝의 자기 이름 아래 쓰는 말

 辯 말씀 변

 步 걸음 보

 保 지킬 보

 普 넓을 보

 報 갚을 알릴 보

 寶 보배 보

 伏 엎드릴 복

 復 회복할 복 다시 부

 複 겹칠 복

 否 아닐 부

 府 마을 관청 부

 負 질 부

✏️ 다음 한자의 훈음을 알아 보고 빈 칸에 알맞게 쓰세요.

훈 말씀   음 변:

훈 걸음   음 보:

言(말씀 언)이 뜻부분 辡(나눌 변)이 음부분이다. 말을 가려 조리있게 하는 것을 나타내 '**말씀**'을 뜻한다.

止(그칠 지)와 少(적을 소)가 합쳐진 글자로, 사람이 걸을 때 발을 번갈아 떼어 놓아가는 형상을 나타낸 것으로 '**걸음**'을 뜻한다.

辛부수 총 21획

辯 辯 辯 辯 辯 辯 辯 辯 辯

辯

辯 辯 辯 辯 辯 辯 辯

말씀 **변**

말씀 변

| 어휘 : 辯論(변론) 代辯人(대변인) 答辯(답변) | 유의어 : 言(말씀 언)
모양이 비슷한 한자 : 辨(분별할 변) |

止부수 총 7획

步 步 步 步 步 步 步

步

步 步 步 步 步 步 步

걸음 **보**

걸음 보

성어 : 五十步百步(오십보백보) - 오십 보 도망친 사람이 백 보 도망친 사람을 비웃는다는 뜻으로 정도의 차이는 있으나 서로 엇비슷함.

✏️ 다음 한자의 훈음을 알아 보고 빈 칸에 알맞게 쓰세요.

훈 지킬   음 보(:)

人(사람 인)과 아이를 뜻하는 呆(보)가 합쳐진 것으로, 어른이 어린아이를 감싸 안고 있는데서 '지키다'를 뜻한다.

훈 넓을   음 보:

並(나란할 병)과 日(날 일)이 합쳐진 것으로 햇빛이 널리 비친다는데서 '넓다'를 뜻한다.

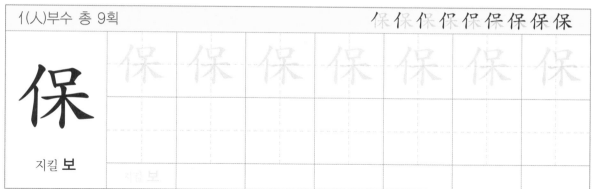

亻(人)부수 총 9획	保保保保保保保保保
保 지킬 보	保 保 保 保 保 保 保

어휘 : 保健(보건) 保管(보관) 保全(보전)   유의어 : 守(지킬 수)

日부수 총 12획	普普普普普普普普普普普普
普 넓을 보	普 普 普 普 普 普 普

어휘 : 普通(보통) 普遍(보편)   모양이 비슷한 한자 : 晉(진나라 진)

✎ 다음 한자의 훈음을 알아 보고 빈 칸에 알맞게 쓰세요.

훈 갚을/ 알릴   음 보:

도둑을 나타내는 幸(행)이 뜻부분으로 쓰여 '**도둑을 잡아 죄값을 갚다, 알리다**' 등을 뜻한다.

훈 보배   음 보:

宀(집 면), 玉(구슬 옥), 貝(조개 패)로 이루어진 한자로 집에 고이 간직해둔 옥이나 돈 즉 '**보배**'를 뜻한다.

土부수 총 12획

報報報報報報報報報報報報

報
갚을
알릴 보

報	報	報	報	報	報	報
갚을/알릴 보						

어휘 : 報答(보답) 情報(정보) 報道(보도)   유의어 : 告(알릴 고)
사자성어 : 結草報恩(결초보은) – 죽어 혼령이 되어서라도 은혜를 잊지 않고 갚는다는 뜻.

宀부수 총 20획

寶寶寶寶寶寶寶寶寶寶寶寶寶

寶
보배 보

寶	寶	寶	寶	寶	寶	寶
보배 보						약자 宝

어휘 : 寶石(보석) 國寶(국보)
사자성어 : 金銀寶貨(금은보화) – 금, 옥, 진주 따위의 매우 귀중한 보물.

✏️ 다음 한자의 훈음을 알아 보고 빈 칸에 알맞게 쓰세요.

伏

훈 엎드릴   음 복

엎드리다라는 뜻을 나타내기 위해 사람(人)의 발 아래 엎드려 있는 개(犬)의 모습을 나타낸 것이다. **'복종하다, 숨기다'** 등을 뜻한다.

復

훈 회복할/ 다시   음 복/부:

亻(자축거릴 척)이 뜻부분, 复(겹칠 복)이 음부분이다. 갔다가 다시 돌아온다는 뜻으로 **'돌이키다, 다시'** 등을 뜻한다.

亻(人)부수 총 6획   伏 伏 伏 伏 伏 伏

伏

엎드릴 **복**

伏	伏	伏	伏	伏	伏	伏

어휘 : 伏兵(복병) 降伏(항복) 屈伏(굴복)

亻 부수 총 12획   復 復 復 復 復 復 復 復 復 復 復

復

회복할 **복**
다시 **부**

復	復	復	復	復	復

어휘 : 復習(복습) 復活(부활)
사자성어 : 重言復言(중언부언) – 이미 한 말을 자꾸 되풀이 함.

모양이 비슷한 한자 : 複(겹칠 복),
腹(배 복 : 준 3급)

✏️ 다음 한자의 훈음을 알아 보고 빈 칸에 알맞게 쓰세요.

훈 겹칠   음 복

衣(옷 의)가 뜻부분, 复(겹칠 복)이 음부분이다.
겹옷이란 뜻에서 **'겹치다, 똑같이'** 등의 의미를
나타내게 되었다.

훈 아닐   음 부:

口(입 구)와 不(아닐 불)이 합쳐진 것으로 **'~이
아니다'** 라는 뜻을 나타냈다.

礻(衣)부수 총 14획	複複複複複複複複複複複複複複

複 複 複 複 複 複 複

複
겹칠 **복**

겹칠 복

어휘 : 複數(복수) 複雜(복잡) 複合(복합)   상대반의어 : 單(홑 단)
                                                유의어 : 重(거듭 중)

口부수 총 7획	否否否否否否否

否 否 否 否 否 否 否

否
아닐 **부**

아닐 부

어휘 : 否認(부인) 可否(가부)   상대반의어 : 可(옳을 가)

✎ 다음 한자의 훈음을 알아 보고 빈 칸에 알맞게 쓰세요.

훈 마을/ 관청   음 부(ː)

广(집 엄)이 뜻부분, 付(부칠 부)가 음부분이다. 나라의 재물이나 문서를 넣어두는 집, 즉 '곳집'이 본뜻인데 나중에 '관청'의 뜻을 나타내게 되었다.

훈 질   음 부:

人(사람 인)과 貝(조개 패)가 합쳐진 것으로, 사람이 돈을 등에 지고 있는 모습을 나타내었다. '승부에 지다, 책임을 지다' 등을 뜻한다.

广부수 총 8획   府 府 府 府 府 府 府 府

府

마을
관청 부

府	府	府	府	府	府	府

마을/관청 부

┃ 어휘 : 政府(정부) 府君(부군) 府庫(부고)

貝부수 총 9획   負 負 負 負 負 負 負 負 負

負

질 부

負	負	負	負	負	負	負

질 부

┃ 어휘 : 負擔(부담) 勝負(승부) 負傷(부상)

유의어 : 擔(멜 담)
상대반의어 : 勝(이길 승)

❶ 다음 漢字語의 讀音을 쓰세요.

(1) 保健 (　　) 　(2) 保溫 (　　)
(3) 辯士 (　　) 　(4) 答辯 (　　)
(5) 負擔 (　　) 　(6) 報告 (　　)
(7) 步道 (　　) 　(8) 可否 (　　)
(9) 復活 (　　) 　(10) 徒步 (　　)
(11) 辯論 (　　) 　(12) 安否 (　　)
(13) 保管 (　　) 　(14) 府庫 (　　)
(15) 普通 (　　) 　(16) 步兵 (　　)
(17) 報答 (　　) 　(18) 降伏 (　　)
(19) 勝負 (　　) 　(20) 屈伏 (　　)
(21) 報道 (　　) 　(22) 重複 (　　)
(23) 寶庫 (　　) 　(24) 復習 (　　)
(25) 複寫 (　　) 　(26) 國寶 (　　)

❷ 다음 漢字의 訓과 音을 쓰세요.

(1) 復 (　　) 　(2) 步 (　　)
(3) 府 (　　) 　(4) 普 (　　)
(5) 複 (　　) 　(6) 報 (　　)
(7) 伏 (　　) 　(8) 辯 (　　)
(9) 寶 (　　) 　(10) 否 (　　)

❸ 다음 밑줄 친 漢字語를 漢字로 쓰세요.

(1) 그가 네 안부를 묻더라.
(2) 국토를 잘 보전하여야 합니다.
(3) 그는 하루에 보통 2시간씩 책을 읽습니다.
(4) 예수님은 죽은지 3일만에 부활했다.
(5) 원자 폭탄의 위력 앞에 일본은 무조건 항복하였다.

월   일 | 이름   확인

(6) 글의 내용이 앞부분과 <u>중복</u>되었다.
(7) 그 사업의 소요 경비는 수익자가 <u>부담</u>하기로 했다.
(8) 회의에서 그 안건이 <u>부결</u>되었다.
(9) <u>도보</u>로 10분정도 소요됩니다.
(10) 그는 <u>달변</u>으로 상대방을 휘어잡았다.

❹ 다음 訓과 音에 맞는 漢字를 쓰세요.

(1) 회복할 복/ 다시 부   (   )   (2) 보배 보   (   )
(3) 지킬 보   (   )   (4) 질 부   (   )
(5) 갚을/알릴 보   (   )   (6) 말씀 변   (   )

❺ 다음에 例示한 漢字語 중에서 앞 글자가 長音으로 發音되는 것을 골라 그 番號를 쓰세요.

(1) ① 勝負 ② 行動 ③ 複數 ④ 辯論
(2) ① 初步 ② 報答 ③ 復習 ④ 國寶
(3) ① 情報 ② 能辯 ③ 寶物 ④ 伐草
(4) ① 否定 ② 無妨 ③ 偉業 ④ 公園

❻ 다음 漢字와 뜻이 상대 또는 반대되는 漢字를 써서 漢字語를 만드세요.

例	江 - (山)

(1) 起 - (   )   (2) 單 - (   )
(3) (   ) - 負   (4) 可 - (   )

❼ 다음 漢字와 뜻이 비슷한 漢字를 써서 漢字語를 만드세요.

例	河 - (川)

(1) (   ) - 告   (2) 孤 - (   )
(3) 攻 - (   )   (4) (   ) - 識

❽ 다음 漢字語의 (　　) 속에 알맞은 漢字를 쓰세요.

> 例　　見(物)生心 : 실물을 보면 욕심이 생김

(1) 五十(　　)百(　　) : 오십보 도망친 사람이 백보 도망친 사람을 보고 비웃는
　　　　　　　　　　　　다는 것으로, 정도의 차이는 있으나 서로 비슷함
(2) 重言(　　)言 : 이미 한 말을 자꾸 되풀이함
(3) 金銀(　　)貨 : 금, 옥, 진주 따위의 매우 귀중한 보물
(4) 結草(　　)恩 : 죽어 혼령이 되어서라도 은혜를 잊지 않고 갚는다는 뜻

❾ 다음 漢字의 部首로 맞는 것을 골라 그 番號를 쓰세요.

(1) 否 - (① 一 ② 不 ③ 口 ④ 否)
(2) 報 - (① 土 ② 羊 ③ 又 ④ 幸)
(3) 保 - (① 保 ② 口 ③ 木 ④ 亻)
(4) 步 - (① 止 ② 少 ③ 丿 ④ 步)

❿ 다음 漢字와 소리는 같으나 뜻이 다른 漢字語를 쓰세요.

> 例　　山水 - (算數)

(1) 辯士 - (　　　　) 　　　(2) 報告 - (　　　　)
(3) 中伏 - (　　　　) 　　　(4) 報道 - (　　　　)

⓫ 다음 漢字語의 뜻을 쓰세요.

(1) 達辯 : 　　　　　　　(2) 復古 :
(3) 否決 : 　　　　　　　(4) 報答 :

⓬ 다음 漢字의 略字(획수를 줄인 漢字)를 쓰세요.

(1) 寶　(　　　　) 　　　(2) 發　(　　　　)
(3) 獨　(　　　　) 　　　(4) 變　(　　　　)

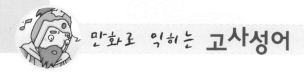
四넉사 面낯면 楚초나라초 歌노래가

四面楚歌는 사방에서 모두 초나라의 노래가 들린다는 의미로 사방이 모두 적으로 둘러싸여 이럴 수도 저럴 수도 없는 고립된 상태를 표현하는 성어이다.

초나라의 항우가, 한나라의 유방과 해하 지방에서 싸울때, 사방(四面)에서 모두 초나라(楚)의 노래 소리(歌)가 들려왔다.

아니, 이 노래소리는?

항우 장군, 이것은 아군의 전의를 잃게 하기 위한 장량의 술책이옵니다.

어허.

군사들은 이미 동요 하여 항복하는 자가 속출하고,

장량의 계략대로 항우의 군사들은 고향의 노랫 소리를 듣자 고향의 가족 생각에 마음이 동요되어 항복하는 자가 많이 나왔다.

이미 한나라가 초나라를 점령한 것이구나. 이제는 끝이구나.

이에 항우는 그의 애첩인 우미인과 준마인 오추와 결별하고, 적과 싸우다가 스스로 목숨을 끊고 최후를 맞이하였다.

퍼즐로 한자를

아래의 풀이에 알맞은 한자를 쓰세요.

가로 열쇠

④ 힘에 눌려 적에게 굴복하는 것
⑤ 죽어 혼령이 되어서라도 은혜를 잊지 않고 갚는다는 뜻
⑥ 무슨 일이나 틀림없이 잘 들어 맞는 것
⑨ 이기고 지는 것
⑪ 이미 한 말을 자꾸 되풀이 함

세로 열쇠

① 정도의 차이는 있으나 서로 비슷함
② 굽히거나 눌리어 쫓고 따르는 것
③ 은덕을 저버리고 배반함
⑦ 한 입으로 두 말을 함
⑧ 다시 되찾거나 원상태로 되돌리는 것
⑩ 짐스러운 의무나 책임

4급 ②과정 한자능력검정시험

 婦 며느리 부

 副 버금 부

 富 부자 부

 粉 가루 분

 憤 분할 분

 佛 부처 불

 批 비평할 비

 非 아닐 비

 飛 날 비

 秘 숨길 비

 悲 슬플 비

 備 갖출 비

✏️ 다음 한자의 훈음을 알아 보고 빈 칸에 알맞게 쓰세요.

훈 며느리   음 부

빗자루(帚)를 들고 청소를 하고 있는 여자(女)의 모습을 본뜬 것이다. '아내, 며느리' 등을 뜻한다.

훈 버금   음 부:

가득 차 넘치는 것(畐)을 칼(刂)로 잘라 떼어 내는 모습으로 떼어낸 부분은 원래의 것보다 덜 중요하다는데서 '버금, 다음' 등을 뜻한다.

| 女부수 총 11획 | 帚 婦 女 婦 婦 婦 婦 婦 婦 婦 婦 |

婦	婦	婦	婦	婦	婦	婦	婦
며느리 **부**	며느리 부						

어휘 : 婦女子(부녀자) 新婦(신부) 夫婦(부부)　　　　　　상대반의어 : 夫(남편 부)
사자성어 : 夫婦有別(부부유별) - 오륜의 하나. 부부간에는 엄격히 지켜야 할 인륜의 구별이 있음.

| 刂(刀)부수 총 11획 | 副 副 副 副 畐 畐 畐 畐 畐 副 副 |

副	副	副	副	副	副	副
버금 **부**	버금 부					

어휘 : 副業(부업) 副作用(부작용) 副賞(부상)　　　　　　유의어 : 次(버금 차)

✏️ 다음 한자의 훈음을 알아 보고 빈 칸에 알맞게 쓰세요.

훈 부자   음 부:

一 (집 면)과 畐(가득찰 복)이 합쳐진 것으로,
집에 재물이 가득 차는 데서, **'부자, 넉넉하다'**
등을 뜻한다.

훈 가루   음 분(:)

米(쌀 미)와 分(나눌 분)이 합쳐진 것으로, 쌀
을 잘게 부수고 간 것, 곧 **'가루, 부수다, 빻다'**
등을 뜻한다.

宀부수 총 12획	富富富富富富富富富富富富

富
부자 **부**

약자
冨

어휘 : 富强(부강) 貧富(빈부) 甲富(갑부)　　　　상대반의어 : 貧(가난할 빈)
사자성어 : 富貴功名(부귀공명) – 재산이 많고 지위가 높으며 공을 세워 이름을 드러냄.

米부수 총 10획	粉粉粉粉粉粉粉粉粉粉

粉
가루 **분**

어휘 : 粉筆(분필) 粉乳(분유) 粉末(분말)　　　　모양이 비슷한 한자 : 紛(어지러울 분 : 준 3급)

🖎 다음 한자의 훈음을 알아 보고 빈 칸에 알맞게 쓰세요.

憤

훈 분할   음 분:

心(마음 심)이 뜻부분, 賁(클 분)이 음부분이다. **'마음에 응어리가 맺히다, 성을 내다'** 등을 뜻한다.

佛

훈 부처   음 불

人(사람 인)이 뜻부분, 弗(아닐 불)이 음부분이다. **'부처'**를 뜻한다.

忄(心)부수 총 15획

憤憤憤憤憤憤憤憤憤憤憤憤憤憤憤

憤	憤	憤	憤	憤	憤	憤	憤
분할 **분**	분할 분						

| 어휘 : 憤怒(분노) 憤痛(분통) 激憤(격분) | 모양이 비슷한 한자 : 墳(무덤 분 : 3급) |

1(人)부수 총 7획

佛佛佛佛佛佛佛

약자

�

佛	佛	佛	佛	佛	佛	佛	佛
부처 **불**	부처 불						仏

| 어휘 : 佛敎(불교) 佛經(불경) 佛家(불가) |

✏️ 다음 한자의 훈음을 알아 보고 빈 칸에 알맞게 쓰세요.

훈 비평할   음 비:

手(손 수)가 뜻부분, 比(견줄 비)는 음부분이다.
'의견을 밝히다, 비평하다' 등을 뜻한다.

훈 아닐   음 비(:)

두 날개가 서로 다른 방향을 향하고 있는 것을
본뜬 것으로, '서로 어긋나다, 아니다, 그르다'
등을 뜻한다.

扌(手)부수 총 7획

批 批 批 批 批 批 批

批 批 批 批 批 批 批

비평할 **비**

| 어휘 : 批判(비판) 批評(비평)

非부수 총 8획

丿 刂 扌 킈 킈 非 非 非

非 非 非 非 非 非 非

아닐 **비**

| 어휘 : 是非(시비) 非常口(비상구) 非理(비리) | 상대반의어 : 是(이/옳을 시)
| 사자성어 : 非一非再(비일비재) – (같은 종류의 현상이) 한두 번이나 한둘이 아니고 많음.

✏️ 다음 한자의 훈음을 알아 보고 빈 칸에 알맞게 쓰세요.

훈날   음비

훈숨길   음비:

새가 하늘을 날 때 양쪽 날개를 쭉 펴고 있는 모양을 본뜬 글자로, **'날다'**를 뜻한다.

본자는 '祕(비)'로 示(보일 시)가 뜻부분, 必(반드시 필)이 음부분이다. 본뜻은 귀신이며 후에 **'신비, 비밀'** 등으로 사용됐다.

飛부수 총 9획

飛飛飛飛飛飛飛飛飛

飛

날 **비**

飛	飛	飛	飛	飛	飛	飛
날 비						

어휘 : 飛虎(비호) 飛躍(비약) 飛報(비보) 飛行機(비행기)   유의어 : 翔(날 상 : 1급)
사자성어 : 烏飛梨落(오비이락) – 공교롭게도 어떤 일이 같은 때에 일어나 남의 의심을 받게 됨.

禾부수 총 10획

秘秘秘秘秘秘秘秘秘秘

秘

숨길 **비**

秘	秘	秘	秘	秘	秘	秘
숨길 비						

어휘 : 秘密(비밀) 神秘(신비) 極秘(극비) 秘法(비법)

✏️ 다음 한자의 훈음을 알아 보고 빈 칸에 알맞게 쓰세요.

훈슬플   음비:

非(아닐 비)가 음부분 心(마음 심)이 뜻부분이다. 바라는 바가 어겨져 **'슬픔, 비애, 슬퍼하다'** 등을 뜻한다.

훈갖출   음비:

人(사람 인)이 뜻부분, 甫(활통 비)가 음부분으로 활통에 항상 화살을 준비한다는데서 **'갖추다'** 를 뜻한다.

心부수 총 12획

悲 悲 非 悲 非 非 非 非 非 悲 悲 悲

悲

슬플 비

| 어휘 : 喜悲(희비) 悲劇(비극) 悲感(비감) | 상대반의어 : 喜(기쁠 희) |

1(人)부수 총 12획

備 備 備 備 備 備 備 備 備 備 備

備

갖출 비

| 어휘 : 對備(대비) 設備(설비) 備品(비품) | 유의어 : 具(갖출 구) |
사자성어 : 有備無患(유비무환) – 미리 준비해 두면 근심 될 것이 없음.

※ 다음 글을 읽고 물음에 답하시오.(❶ ~ ❷)

대립⁽⁵⁾, 憤怒⁽¹⁾, 싸움질, 불안⁽⁶⁾, 원망 등등의 모든 감정⁽⁷⁾은 본능⁽⁸⁾에서 비롯한 감정이며, 바로 그러한 감정의 문제⁽⁹⁾를 해결하는 것은 이성적⁽¹⁰⁾ 삶 뿐인 것이다. 왜냐하면 이성 속에는 이해가 있어 항상 자신이 처한 상황을 긍정하며 또한 겸손이 있어 지난 날은 反省⁽²⁾하여 조그만 결점도 시정하기에 이르고, 책임감이 있어 게으르거나 나태하지 않고 열심⁽¹¹⁾히 일을 하며, 지혜가 있어 앞 일을 내다보고 그에 對備⁽³⁾하는 계획을 세우고, 또한 용기⁽¹²⁾가 있어 어떠한 악도 자기의 몸과 마음에 스며들지 못하도록 물리칠 줄을 안다. 또한 마음이 넓기에 남의 잘못을 용서할 줄 알고 관용을 베풀어 좋은 길로 이끌어 준다. 매사⁽¹³⁾에 감사할 줄 알며, 항상 滿足⁽⁴⁾을 느끼고, 항상 온화⁽¹⁴⁾하고 안정된 마음이 평화를 이룩한다. 이와 같은 삶이 바로 이성적 삶인 것이다.

❶ 윗글에서 밑줄 친 漢字語 (1)~(4)의 讀音을 쓰세요.

(1) 憤怒   (   )   (2) 反省   (   )
(3) 對備   (   )   (4) 滿足   (   )

❷ 윗글에서 밑줄 친 漢字語 (5)~(14)를 漢字로 쓰세요.

(5) 대립   (   )   (6) 불안   (   )
(7) 감정   (   )   (8) 본능   (   )
(9) 문제   (   )   (10) 이성적 (   )
(11) 열심   (   )   (12) 용기   (   )
(13) 매사   (   )   (14) 온화   (   )

❸ 다음 漢字語의 讀音을 쓰세요.

(1) 極秘   (   )   (2) 飛報   (   )
(3) 激憤   (   )   (4) 新婦   (   )
(5) 悲鳴   (   )   (6) 夫婦   (   )
(7) 秘寶   (   )   (8) 副業   (   )
(9) 神秘   (   )   (10) 具備   (   )

(11) 副食   (   )   (12) 秘法   (   )
(13) 佛敎   (   )   (14) 富國   (   )
(15) 非行   (   )   (16) 甲富   (   )
(17) 悲憤   (   )   (18) 粉末   (   )
(19) 秘密   (   )   (20) 婦人   (   )
(21) 憤怒   (   )   (22) 悲觀   (   )
(23) 憤敗   (   )   (24) 備品   (   )
(25) 富强   (   )   (26) 佛家   (   )

❹ 다음 漢字의 訓과 音을 쓰세요.

(1) 秘   (   )   (2) 備   (   )
(3) 富   (   )   (4) 非   (   )
(5) 憤   (   )   (6) 婦   (   )
(7) 批   (   )   (8) 粉   (   )
(9) 飛   (   )   (10) 佛   (   )

❺ 다음 訓과 音에 맞는 漢字를 쓰세요.

(1) 날 비   (   )   (2) 비평할 비   (   )
(3) 갖출 비   (   )   (4) 가루 분   (   )
(5) 숨길 비   (   )   (6) 부자 부   (   )

❻ 다음 漢字와 뜻이 상대 또는 반대되는 漢字를 써서 漢字語를 만드세요.

例   江 - (山)

(1) 夫 - (   )   (2) 賣 - (   )
(3) 自 - (   )   (4) 手 - (   )

❼ 다음 漢字와 뜻이 비슷한 漢字를 써서 漢字語를 만드세요.

例   河 - (川)

(1) 具 - (   )   (2) 正 - (   )
(3) 打 - (   )   (4) (   ) - 遠

제 7회 기출 및 예상 문제

월	일	이름	확인

8 다음 漢字語의 (   ) 속에 알맞은 漢字를 쓰세요.

> 例 見(物)生心 : 실물을 보면 욕심이 생김

(1) 夫(   )有別 : 오륜의 하나. 부부간에는 엄격히 지켜야 할 인륜의 구별이 있음
(2) (   )貴功名 : 재산이 많고 지위가 높으며, 공을 세워 이름을 드러냄
(3) 非一非(   ) : (같은 종류의 현상이) 한두 번이나 한둘이 아니고 많음
(4) 有(   )無患 : 미리 준비해 두면 근심 될 것이 없음

9 다음 한자의 部首로 맞는 것을 골라 그 番號를 쓰세요.

(1) 飛 - (① 升 ② 乙 ③ 飛 ④ 十)
(2) 富 - (① 宀 ② 一 ③ 口 ④ 田)
(3) 批 - (① 比 ② 扌 ③ 匕 ④ 此)
(4) 副 - (① 田 ② 一 ③ 刂 ④ 力)

10 다음 漢字와 소리는 같으나 뜻이 다른 漢字語를 쓰세요.

> 例 山水 - (算數)

(1) 悲鳴 - (   )   (2) 飛行 - (   )
(3) 警備 - (   )   (4) 悲報 - (   )

11 다음 漢字의 略字(획수를 줄인 漢字)를 쓰세요.

(1) 佛 - (   )   (2) 來 - (   )
(3) 團 - (   )   (4) 富 - (   )

三석삼　顧돌아볼고　草풀초　廬초막려

三顧草廬는 유비가 제갈량의 초막을 세 번이나 찾아간 고사에서 유래하여 **뛰어난 인재를 얻기 위해 수고를 아끼지 않고 몸을 낮추어 찾아가는 것**을 나타내는 성어이다.

후한 말기 유비는 제갈량을 참모로 얻기 위해 예를 차려 그의 초막을 찾았다.

저는 유비라 하옵니다. 제갈량이란 분을 만나 보려 하옵니다.

유비

죄송합니다. 주인님은 지금 안 계십니다. 며칠 후에나 오실 것이옵니다.

죄송합니다. 주인님께서 어제 또 외출하여 다시 며칠 후에나 돌아오실 것입니다.

며칠 후 다시 찾아갔으나,

장비

아니 뭐가 어째!

형님, 이 아우가 포승으로 결박해서라도 잡아오겠습니다.

어허... 우리가 때를 못 맞춘 것이니 다시 찾아 오자꾸나.

며칠 뒤 유비 일행은 세 번째로 방문을 하여 한참을 기다린 후에 제갈량이 돌아왔다.

주인님께서 막 돌아오셨습니다. 어서 안으로 드시지요.

미천한 저를 위해 세 번씩(三顧)이나 초막(草廬)에 찾아 주시다니 소인은 몸둘바를 모르겠나이다.

제갈량은 유비의 정성에 감동하여 기꺼이 참모 일을 맡아 유비를 도왔다.

아래의 풀이에 알맞은 한자를 쓰세요.

										①	
②		③ 有	別		④						
								⑤			名
						⑥					
						一					
⑦ 激		⑧				⑨ 是			⑩		

▶ 가로 열쇠

② 부부간에 엄격히 지켜야 할 인륜의 구별이 있음

④ 어떤 일에 부수되어 일어나는 바람직하지 못한 일

⑤ 사람은 죽어서 이름을 남김

⑦ 몹시 분하여 성이 미치는 것

⑨ 옳고 그름

⑩ 가루

▼ 세로 열쇠

① 재산이 많고 지위가 높으며 공을 세워 이름이 드러남

③ 미리 준비해 두면 근심 될 것이 없음

④ 본업의 여가를 이용하여 하는 벌이나 직업

⑥ 한두 번이 아니고 많음

⑧ 분하여 성을 내는 것

⑩ 칠판 등에 필기하는데 쓰이는 가루를 개어서 만든 연필

 碑 비석 비

 貧 가난할 빈

 寺 절 사

 私 사사 사

 舍 집 사

 師 스승 사

 射 쏠 사

 絲 실 사

 謝 사례할 사

 辭 말씀 사

 散 흩을 산

 殺 죽일 살 감할 쇄

 床 상 상

 狀 형상 상 문서 장

 常 떳떳할 상

 象 코끼리 상

월   일   이름: 확인:

✏️ 다음 한자의 훈음을 알아 보고 빈 칸에 알맞게 쓰세요.

훈 비석   음 비

石(돌 석)이 뜻부분, 卑(낮을 비)가 음부분이다. 돌을 다듬어 글을 새겨서 세워 놓은 **'비석'**을 뜻한다.

훈 가난할   음 빈

재물(貝)을 다 나누어(分) 주고 나니 남은 것이 없다. 즉, **'가난하다'**를 뜻한다.

石부수 총 13획	碑 碑 碑 碑 碑 碑 碑 碑 碑 碑 碑 碑
碑 비석 **비**	碑 碑 碑 碑 碑 碑 碑

| 어휘 : 碑石(비석) 墓碑(묘비) 碑文(비문) 記念碑(기념비)

貝부수 총 11획	貧 貧 貧 分 分 貧 貧 貧 貧 貧 貧
貧 가난할 **빈**	貧 貧 貧 貧 貧 貧 貧

| 사자성어 : 安貧樂道(안빈낙도) – 가난한 생활을 하면서도 편안한 마음으로 분수를 지키며 지냄. | 상대반의어 : 富(부자 부)

✏️ 다음 한자의 훈음을 알아 보고 빈 칸에 알맞게 쓰세요.

훈절　　음사

훈사사　　음사

土(흙 토)와 寸(마디 촌)이 합쳐진 글자이다. 본래 '**관청**'을 뜻하였으나 불교가 전래된 이후에는 '**절**'을 뜻하는 것으로 쓰이게 되었다.

禾(벼 화)가 뜻부분, 厶(사사 사)가 음부분이다. 원래는 벼의 일종을 나타냈으나 이것이 본래의 의미보다는 厶(사)에 중심을 두어 '**사사롭다**'를 뜻한다.

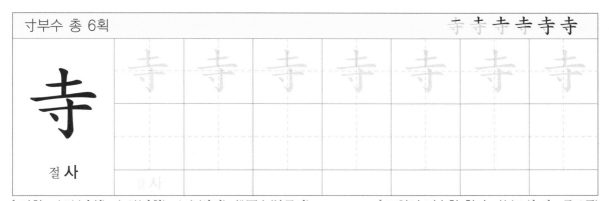

寸부수 총 6획				寺 寺 寺 寺 寺 寺

寺
절 **사**

| 寺 | 寺 | 寺 | 寺 | 寺 | 寺 | 寺 |

어휘 : 寺院(사원) 寺刹(사찰) 山寺(산사) 佛國寺(불국사)　　모양이 비슷한 한자 : 侍(모실 시 : 준 3급)

禾부수 총 7획				私 私 私 私 私 私 私

私
사사 **사**

| 私 | 私 | 私 | 私 | 私 | 私 | 私 |

사자성어 : 先公後私(선공후사) – 공적인 일을 먼저 하고, 사사로운 일을 뒤로 미룸.　　상대반의어 : 公(공평할 공)
　　　　　　公平無私(공평무사) – 공평하며 사사로움이 없다.

📝 다음 한자의 훈음을 알아 보고 빈 칸에 알맞게 쓰세요.

舍

훈 집   음 사

'집'의 모양을 본뜬 글자이다.

師

훈 스승   음 사

수많은 군사들이 모여 있는 모습을 나타내었는데 뒤에 '스승'의 뜻으로 사용됐다.

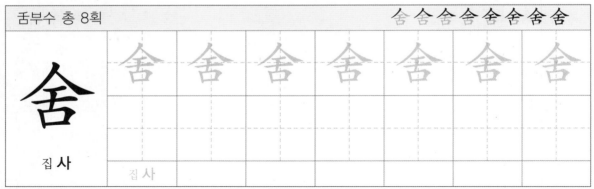

舍부수 총 8획	舍舍舍舍舍舍舍舍

舍

집 **사**

舍	舍	舍	舍	舍	舍	舍
집 사						

어휘 : 舍宅(사택) 官舍(관사) 舍監(사감)	유의어 : 屋(집 옥)

巾부수 총 10획	師師師師師師師師師師

師

스승 **사**

師	師	師	師	師	師	師
스승 사						

약자

师

어휘 : 敎師(교사) 師弟(사제) 講師(강사)	모양이 비슷한 한자 : 帥(장수 수 : 준 3급)

✏️ 다음 한자의 훈음을 알아 보고 빈 칸에 알맞게 쓰세요.

훈 쏠   음 사 (:)

훈 실   음 사

身(몸 신)과 寸(마디 촌)이 합쳐진 것으로, 寸(촌)은 矢(화살 시)의 변형이다. 사람이 활을 '쏘는' 모습을 나타낸 글자이다.

누에고치에서 뽑은 명주실을 뜻하기 위해서 두 타래의 실 모양을 본뜬 것이다. '실, 비단' 등을 뜻한다.

寸부수 총 10획   射 射 身 身 身 身 身 身 射 射

射

쏠 **사**

| 어휘 : 射擊(사격) 射手(사수) 反射(반사) 發射(발사)

糸부수 총 12획   絲 絲 絲 糸 絲 絲 絲 絲 絲 絲 絲 絲

絲

실 **사**

약자

糸

| 어휘 : 生絲(생사) 鐵絲(철사) 原絲(원사)
| 사자성어 : 一絲不亂(일사불란) - 질서정연하며 조금도 어지러운 데가 없음.

✏️ 다음 한자의 훈음을 알아 보고 빈 칸에 알맞게 쓰세요.

훈 사례할   음 사:

言(말씀 언)이 뜻부분, 射(쏠 사)가 음부분이다. 인사를 하고 떠나는 모습에서 **'감사하다, 사례하다'** 를 뜻한다.

훈 말씀   음 사

본래는 죄를 다스린다는 뜻이었는데 **'말씀'** 을 뜻하게 되었다.

言부수 총 17획	謝 謝 謝 謝 謝 謝 謝 謝 謝 謝 謝						
謝 사례할 **사**	謝 사례할 사	謝	謝	謝	謝	謝	謝

| 어휘 : 謝過(사과) 感謝(감사) 謝禮(사례)

辛부수 총 19획	辭 辭 辭 辭 辭 辭 辭 辭 辭 辭 辭 辭						
辭 말씀 **사**	辭 말씀 사	辭	辭	辭	辭	辭	약자 **辞**

| 어휘 : 辭讓(사양) 辭典(사전) 辭任(사임) 辭說(사설) | 유의어 : 說(말씀 설)

✎ 다음 한자의 훈음을 알아 보고 빈 칸에 알맞게 쓰세요.

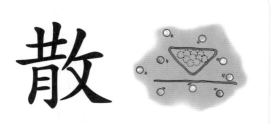

훈 흩을   음 산:

훈 죽일/ 감할   음 살/ 쇄:

잘게 찢어진 고기를 나타낸 한자로 '**흩다, 흩어지다**'를 뜻한다.

殳(몽둥이 수)가 뜻부분이다. 몽둥이로 쳐서 '**죽인다**'는 뜻을 나타내었다.
※ '**빨리, 매우, 줄다**' 등의 뜻일 경우에는 '**쇄**'로 읽는다. 例: 殺到(쇄도)

攵(攴)부수 총 12획

散 散 散 散 散 散 散 散 散 散 散 散

散	散	散	散	散	散	散

散

흩을 **산**

어휘 : 散文(산문) 分散(분산) 散亂(산란)　　　　　　　　　상대반의어 : 集(모을 집)
사자성어 : 離合集散(이합집산) – 헤어짐과 모임, 헤어졌다 모였다함.

殳부수 총 11획

殺 殺 殺 殺 殺 殺 殺 殺 殺 殺 殺

殺	殺	殺	殺	殺	殺	殺

殺

죽일 **살**
감할 **쇄**

사자성어 : 殺身成仁(살신성인) – 몸을 죽여 인을 이룸, 곧 옳은 일을 위하여 자기 몸을 희생함.
　　　　　寸鐵殺人(촌철살인) – 짧은 경구로 사람의 마음을 찔러 감동시킴을 이르는 말.

✏️ 다음 한자의 훈음을 알아 보고 빈 칸에 알맞게 쓰세요.

훈 상   음 상

훈 형상/ 문서   음 상/ 장:

牀(상)자의 속자이다. 牀을 보다 빨리 쉽게 쓰기 위하여 만든 한자로 **'상'**을 뜻한다.

개(犬)의 모습을 본뜬 한자였으나 후에 **'문서, 편지'**를 뜻하는 것으로 활용했다.

广부수 종 7획					床床床床床床床

床

상 **상**

상상

어휘 : 病床(병상) 溫床(온상) 平床(평상)
사자성어 : 同床異夢(동상이몽) – 겉으로는 같은 행동을 하면서도 속으로는 각각 딴 생각을 함.

犬부수 종 8획					狀狀狀狀狀狀狀

狀

형상 **상**
문서 **장**

형상 **상**/ 문서 **장**

약자

状

어휘 : 狀態(상태) 賞狀(상장) 現狀(현상)

✎ 다음 한자의 훈음을 알아 보고 빈 칸에 알맞게 쓰세요.

훈 떳떳할   음 상

尚(높을 상)과 巾(깃발 건)이 합쳐진 글자로, 지위가 높은 사람의 깃발을 나타내는 글자이다. **'떳떳하다, 변함없다'** 등을 뜻한다.

훈 코끼리   음 상

'코끼리'의 코, 귀, 발과 꼬리 등을 본뜬 글자이다.

巾부수 총 11획	常常常常常常常常常常常

常

떳떳할 **상**

常	常	常	常	常	常	常

어휘 : 正常(정상) 常識(상식) 常用(상용)   상대반의어 : 班(나눌 반)

豕부수 총 12획	象象象象象象象象象象象

象

코끼리 **상**

象	象	象	象	象	象	象

어휘 : 象牙(상아) 對象(대상) 現象(현상)

❶ 다음 漢字語의 讀音을 쓰세요.

(1) 碑石 (   )   (2) 殺到 (   )

(3) 貧弱 (   )   (4) 對象 (   )

(5) 發射 (   )   (6) 貧困 (   )

(7) 感謝 (   )   (8) 墓碑 (   )

(9) 寺院 (   )   (10) 殺生 (   )

(11) 私利 (   )   (12) 射擊 (   )

(13) 辭典 (   )   (14) 佛國寺 (   )

(15) 私見 (   )   (16) 貧窮 (   )

(17) 原絲 (   )   (18) 公私 (   )

(19) 舍監 (   )   (20) 淸貧 (   )

(21) 舍宅 (   )   (22) 祝辭 (   )

(23) 常用 (   )   (24) 醫師 (   )

(25) 師弟 (   )   (26) 常識 (   )

❷ 다음 漢字의 訓과 音을 쓰세요.

(1) 辭 (   )   (2) 貧 (   )

(3) 寺 (   )   (4) 象 (   )

(5) 舍 (   )   (6) 床 (   )

(7) 射 (   )   (8) 絲 (   )

(9) 謝 (   )   (10) 碑 (   )

❸ 다음 漢字語를 漢字로 쓰세요.

(1) 그 선비는 청빈한 생활을 하였다.

(2) 얼마 안되지만 사례의 표시이니 받아 주십시오.

(3) 산사의 아침은 언제나 고요하다.

(4) 그 사감은 매우 엄격한 사람으로 소문이 나 있다.

(5) 사대문 안의 학교와 학원을 교외로 분산시켰다.

(6) 아버지처럼 우러러 받드는 스승을 일컬어 사부라 한다.

(7) 우주선이 발사되었다.

(8) 불가에서는 살생을 금한다.

(9) 주문이 쇄도하고 있다.

(10) 다음은 상장 수여가 있겠습니다.

❹ 다음 訓과 音에 맞는 漢字를 쓰세요.

(1) 코끼리 상　　　　　(　　　　)　　(2) 가난할 빈　　(　　　　)

(3) 절 사　　　　　　　(　　　　)　　(4) 사사 사　　　(　　　　)

(5) 죽일 살/ 감할 쇄　 (　　　　)　　(6) 스승 사　　　(　　　　)

❺ 다음에 例示한 漢字語 중에서 앞 글자가 長音으로 發音되는 것을 골라 그 番號를 쓰세요.

(1) ① 殺到　② 常識　③ 溫床　④ 賞狀

(2) ① 殺害　② 分散　③ 散髮　④ 祝辭

(3) ① 寺院　② 墓碑　③ 鐵絲　④ 私有

(4) ① 舍宅　② 醫師　③ 貧困　④ 秘密

❻ 다음 漢字와 뜻이 상대 또는 반대되는 漢字를 써서 漢字語를 만드세요.

例　　江 – (山)

(1) 公 – (　　　)　　　　　　　(2) 班 – (　　　)

(3) (　　　) – 富　　　　　　　(4) 集 – (　　　)

❼ 다음 漢字와 뜻이 비슷한 漢字를 써서 漢字語를 만드세요.

例　　河 – (川)

(1) 貧 – (　　　)　　　　　　　(2) (　　　) – 說

(3) 舍 – (　　　)

8 다음 漢字語의 ( )안에 알맞은 漢字를 쓰세요.

> 例 　見(物)生心 : 실물을 보면 욕심이 생김

(1) 安( )樂道 : 가난한 생활을 하면서도 편안한 마음으로 분수를 지키며 지냄
(2) 先公後( ) : 공적인 일을 먼저 하고 사사로운 일을 뒤로 미룸
(3) 一( )不亂 : 질서정연하여 조금도 어지러운 데가 없다
(4) 公平無( ) : 공평하여 사사로움이 없다

9 다음 漢字의 部首로 맞는 것을 골라 그 番號를 쓰세요.

(1) 殺 – (① 木 ② 殳 ③ 又 ④ 儿)
(2) 舍 – (① 八 ② 干 ③ 口 ④ 舌)
(3) 散 – (① 攵 ② 月 ③ 肯 ④ 肉)
(4) 象 – (① 豕 ② 象 ③ 勹 ④ 日)

10 다음 漢字와 소리는 같으나 뜻이 다른 漢字語를 쓰세요.

> 例 　山水 – (算數)

(1) 私有 – ( ) 　　(2) 氣象 – ( )
(3) 毛絲 – ( ) 　　(4) 辭典 – ( )

11 다음 漢字語의 뜻을 쓰세요.

(1) 貧困 　　(2) 常綠樹
(3) 常用 　　(4) 感謝

12 다음 漢字의 略字(획수를 줄인 漢字)를 쓰세요.

(1) 師 – ( ) 　　(2) 絲 – ( )
(3) 辭 – ( ) 　　(4) 狀 – ( )

脣 입술 순 亡 망할 망 齒 이 치 寒 찰 한

脣亡齒寒은 입술이 없으면 이가 시리다는 뜻으로 서로 이해 관계가 밀접하여 하나가 망하면 따라서 또 하나가 망하는 경우를 일컬어 쓰는 성어이다.

진나라의 헌공이 괵나라를 치기로 하여 우나라 왕에게 많은 재물을 보냈다.

우나라 왕은 궁지기의 말을 듣지 않고, 진나라에 길을 빌려 주었다. 그러자 진나라는 괵나라를 정벌하고 돌아오는 길에 우나라도 정벌하였다.

✎ 아래의 풀이에 알맞은 한자를 쓰세요.

① 記		②			③	④	樂	道	
		石				者			
						一			
					⑤				
⑥ 寸		⑦ 人							
					⑧				
成		⑨							⑩
仁				表		⑪		不	亂

▶ 가로 열쇠

① 어떤 일을 기념하기 위해서 세운 비석
③ 가난한 생활 속에서도 편한 마음으로 분수를 지키며 살아감
⑤ 서늘한 가을 밤은 등불을 가까이 하여 글 읽기에 좋다는 말
⑥ 짤막한 경구로 사람의 마음을 크게 뒤흔듦
⑨ 강의를 하는 사람
⑪ 질서정연하여 조금도 어지러운 데가 없다

▼ 세로 열쇠

② 돌로 만든 비
④ 가난한 사람이 부처에게 바치는 등 하나는 부자의 등 만개보다 더 공덕이 있다는 뜻으로 참 마음의 소중함을 비유함
⑦ 자기 몸을 희생하여 인을 이룸
⑧ 출병할 때 그 뜻을 적어서 임금에게 올리는 것
⑩ 근심과 재난

부록

6급 6급 II (150자) 신출한자를 복습합니다.
4급 4급 II 시험의 쓰기 범위가 되니
능숙하게 쓸 수 있도록 연습하세요.

다음 한자의 훈음을 알아 보고 빈 칸에 알맞게 쓰세요.

角 뿔 각	角				
角 - 총 7획	直角(직각) 角度(각도)			동음이의어 : 各(각각 각)	
各 각각 각	各				
口 - 총 6획	各國(각국) 各自(각자) 各各(각각)			동음이의어 : 角(뿔 각)	
感 느낄 감	感				
心 - 총 13획	有感(유감) 感動(감동)				
強 강할 강	強				
弓 - 총 12획	強力(강력) 強弱(강약) 強風(강풍)		동음이의어 : 江(강 강)	상대반의어 : 弱(약할 약)	
開 열 개	開				
門 - 총 12획	開學(개학) 開校(개교) 開發(개발)		상대반의어 : 閉(닫을 폐)		
京 서울 경	京				
亠 - 총 8획	上京(상경) 東京(동경)		상대반의어 : 鄕(시골 향)		
界 지경 계	界				
田 - 총 9획	世界(세계) 學界(학계) 各界(각계)		동음이의어 : 計(셀/꾀 계)	유의어 : 境(지경 경)	
計 셀/꾀 계	計				
言 - 총 9획	計算(계산) 時計(시계) 家計(가계)		유의어 : 算(셈할 산)	동음이의어 : 界(지경 계)	
高 높을 고	高				
高 - 총 10획	高速道路(고속도로) 高級(고급)		상대반의어 : 低(낮을 저)	유의어 : 崇(높을 숭)	

다음 한자의 훈음을 알아 보고 빈 칸에 알맞게 쓰세요.

苦 쓸 고	苦				
++ (艸) – 총 9획	苦行(고행) 苦生(고생) 苦樂(고락)		상대반의어 : 樂(즐길 락), 甘(달 감)		
古 예 고	古				
口 – 총 5획	古人(고인) 古今(고금) 古木(고목)		동음이의어 : 苦(쓸 고) 상대반의어 : 今(이제 금)		
公 공평할 공	公				
八 – 총 4획	公正(공정) 公平(공평) 公式(공식)		상대반의어 : 私(사사 사)		
功 공 공	功				
力 – 총 5획	成功(성공) 功過(공과) 功利(공리)		상대반의어 : 過(허물 과)		
共 한가지 공	共				
八 – 총 6획	共感(공감) 共同(공동)		동음이의어 : 公(공평할 공) 工(장인 공)		
科 과목 과	科				
禾 – 총 9획	科目(과목) 敎科(교과) 科學(과학)		동음이의어 : 果(실과 과)		
果 실과 과	果				
木 – 총 8획	果樹(과수) 成果(성과) 靑果(청과)		상대반의어 : 因(인할 인) 유의어 : 實(열매 실)		
光 빛 광	光				
儿 – 총 6획	光明(광명) 光線(광선) 光速(광속)		동음이의어 : 廣(넓을 광)		
交 사귈 교	交				
亠 – 총 6획	交感(교감) 外交(외교) 交通(교통)		동음이의어 : 敎(가르칠 교) 校(학교 교)		

다음 한자의 훈음을 알아 보고 빈 칸에 알맞게 쓰세요.

球 공 구	球				
王(玉) - 총 11획	電球(전구) 地球(지구)		동음이의어 : 九(아홉 구) 區(구분할 구)		
區 구분할 구	區				
匚 - 총 11획	區分(구분) 區間(구간)		동음이의어 : 九(아홉 구) 口(입 구) 약자 : 区		
郡 고을 군	郡				
阝(邑) - 총 10획	郡民(군민)		유의어 : 洞(고을 동) 동음이의어 : 軍(군사 군)		
根 뿌리 근	根				
木 - 총 10획	根本(근본) 根性(근성)		유의어 : 本(근본 본) 동음이의어 : 近(가까울 근)		
近 가까울 근	近				
辶(辵) - 총 8획	近親(근친) 近來(근래)		유의어 : 親(친할 친) 상대반의어 : 遠(멀 원)		
今 이제 금	今				
人 - 총 4획	今年(금년) 古今(고금)		상대반의어 : 古(예 고) 동음이의어 : 金(쇠 금)		
急 급할 급	急				
心 - 총 9획	急死(급사) 急行(급행) 急速(급속)		동음이의어 : 級(등급 급) 유의어 : 速(빠를 속)		
級 등급 급	級				
糸 - 총 10획	高級(고급) 級數(급수) 學級(학급)		동음이의어 : 急(급할 급)		
多 많을 다	多				
夕 - 총 6획	多幸(다행) 多讀(다독) 多少(다소)		상대반의어 : 少(적을 소)		

다음 한자의 훈음을 알아 보고 빈 칸에 알맞게 쓰세요.

短 짧을 단	短				
矢 – 총 12획	短文(단문) 一長一短(일장일단)		상대반의어 : 長(긴 장)		
堂 집 당	堂				
土 – 총 11획	明堂(명당) 食堂(식당) 書堂(서당)		유의어 : 室(집 실), 宅(집 택), 家(집 가)		
代 대신할 대	代				
亻(人) – 총 5획	代表(대표) 世代(세대)		동음이의어 : 大(큰 대) 對(대할 대)		
對 대할 대	對				
寸 – 총 14획	對話(대화) 對答(대답) 對外(대외)		동음이의어 : 大(큰 대) 待(기다릴 대) 약자 : 対		
待 기다릴 대	待				
彳 – 총 9획	苦待(고대) 待合室(대합실)		동음이의어 : 代(대신할 대) 對(대할 대)		
圖 그림 도	圖				
囗 – 총 14획	圖面(도면) 地圖(지도)		유의어 : 畫(그림 화) 약자 : 図		
度 법도 도/헤아릴 탁	度				
广 – 총 9획	度數(도수) 速度(속도) 溫度(온도)		동음이의어 : 圖(그림 도) 道(길 도)		
讀 읽을 독/구두 두	讀				
言 – 총 22획	讀書(독서) 讀者(독자) 句讀(구두)		동음이의어 : 獨(홀로 독) 약자 : 読		
童 아이 동	童				
立 – 총 12획	童話(동화) 童子(동자) 童心(동심)		유의어 : 兒(아이 아)		

다음 한자의 훈음을 알아 보고 빈 칸에 알맞게 쓰세요.

頭 머리 두	頭				
頁 - 총 16획	頭角(두각) 先頭(선두)				
等 무리 등	等				
竹 - 총 12획	等級(등급) 等數(등수) 對等(대등)		동음이의어 : 登(오를 등)		
樂 즐길 락/노래 악/좋아할 요	樂				
木 - 총 15획	樂園(낙원) 音樂(음악) 樂山樂水(요산요수)		상대반의어 : 苦(쓸 고) 약자 : 楽		
例 법식 례	例				
亻(人) - 총 8획	事例(사례) 例文(예문) 例外(예외)		동음이의어 : 禮(예도 례)		
禮 예도 례	禮				
示 - 총 18획	答禮(답례) 禮服(예복)		동음이의어 : 例(법식 례) 약자 : 礼		
路 길 로	路				
足 - 총 13획	道路(도로) 路線(노선) 大路(대로)		유의어 : 道(길 도) 동음이의어 : 老(늙을 로)		
綠 푸를 록	綠				
糸 - 총 14획	草綠(초록) 綠色(녹색) 新綠(신록)		유의어 : 靑(푸를 청)		
理 다스릴 리	理				
王(玉) - 총 11획	理由(이유) 道理(도리) 地理(지리)		동음이의어 : 利(이로울 리) 李(오얏 리)		
利 이로울 리	利				
刂(刀) - 총 7획	利用(이용) 便利(편리) 勝利(승리)		상대반의어 : 害(해할 해)		

월   일   이름: 확인:

다음 한자의 훈음을 알아 보고 빈 칸에 알맞게 쓰세요.

李 오얏/성 리	李						
木 – 총 7획	李花(이화) 李氏(이씨)						

明 밝을 명	明						
日 – 총 8획	明月(명월) 明白(명백) 發明(발명)			상대반의어 : 暗(어두울 암)			

目 눈 목	目						
目 – 총 5획	名目(명목) 目的(목적) 題目(제목)			유의어 : 眼(눈 안) 동음이의어 : 木(나무 목)			

聞 들을 문	聞						
耳 – 총 14획	所聞(소문) 新聞(신문) 見聞(견문)			동음이의어 : 問(물을 문) 文(글월 문) 유의어 : 聽(들을 청)			

米 쌀 미	米						
米 – 총 6획	白米(백미) 米飮(미음)			동음이의어 : 美(아름다울 미)			

美 아름다울 미	美						
羊 – 총 9획	美女(미녀) 美食家(미식가) 美術(미술)			동음이의어 : 米(쌀 미)			

朴 성/순박할 박	朴						
木 – 총 6획	朴氏(박씨)			유의어 : 素(본디 소)			

反 돌이킬 반	反						
又 – 총 4획	反感(반감) 反共(반공) 反對(반대)			동음이의어 : 半(반 반) 班(나눌 반)			

半 반 반	半						
十 – 총 5획	半萬年(반만년) 半球(반구)			동음이의어 : 反(돌이킬 반) 班(나눌 반)			

월   일   이름: 확인:

📷 다음 한자의 훈음을 알아 보고 빈 칸에 알맞게 쓰세요.

班 나눌 반	班							
王(玉) - 총 10획	班長(반장) 合班(합반)			유의어 : 分(나눌 분) 別(나눌 별) 상대반의어 : 常(떳떳할 상)				
發 필 발	發							
癶 - 총 12획	發光(발광) 出發(출발) 發明(발명)			상대반의어 : 着(붙을 착) 약자 : 発				
放 놓을 방	放							
攵(攴) - 총 8획	放心(방심) 放火(방화) 放學(방학)			동음이의어 : 方(모 방)				
番 차례 번	番							
田 - 총 12획	軍番(군번) 番號(번호) 番地(번지)							
別 다를/나눌 별	別							
刂(刀) - 총 7획	別名(별명) 區別(구별) 特別(특별)			유의어 : 分(나눌 분) 班(나눌 반)				
病 병 병	病							
疒 - 총 10획	病者(병자) 病室(병실) 病院(병원)							
服 옷 복	服							
月 - 총 8획	服色(복색) 韓服(한복) 洋服(양복)			유의어 : 衣(옷 의)				
本 근본 본	本							
木 - 총 5획	本色(본색) 本然(본연) 本家(본가)			유의어 : 根(뿌리 근) 상대반의어 : 末(끝 말)				
部 떼 부	部							
阝(邑) - 총 11획	部長(부장) 外部(외부) 部分(부분)			동음이의어 : 夫(지아비 부) 父(아비 부)				

월   일   이름: 확인:

다음 한자의 훈음을 알아 보고 빈 칸에 알맞게 쓰세요.

分 나눌 분	分				
刀 – 총 4획	分校(분교) 分數(분수) 分班(분반)		유의어 : 班(나눌 반) 別(나눌 별)		
社 모일 사	社				
示 – 총 8획	社長(사장) 社訓(사훈) 社會(사회)		동음이의어 : 事(일 사) 四(넉 사)		
使 하여금/부릴 사	使				
亻(人) – 총 8획	使用(사용) 使者(사자) 使命(사명)		상대반의어 : 勞(일할 로)		
死 죽을 사	死				
歹 – 총 6획	死藥(사약) 九死一生(구사일생)		상대반의어 : 生(날 생) 活(살 활)		
書 글 서	書				
日 – 총 10획	書面(서면) 書堂(서당) 讀書(독서)		유의어 : 章(글 장) 文(글월 문)		
石 돌 석	石				
石 – 총 5획	石工(석공) 石油(석유)		상대반의어 : 玉(구슬 옥)		
席 자리 석	席				
巾 – 총 10획	立席(입석) 出席(출석) 合席(합석)		동음이의어 : 夕(저녁 석) 石(돌 석)		
線 줄 선	線				
糸 – 총 15획	水平線(수평선) 線路(선로) 光線(광선)		동음이의어 : 先(먼저 선)		
雪 눈 설	雪				
雨 – 총 11획	白雪(백설) 大雪(대설) 雪山(설산)				

다음 한자의 훈음을 알아 보고 빈 칸에 알맞게 쓰세요.

成 이룰 성	成				
戈 – 총 7획	成人(성인) 育成(육성) 成功(성공)		상대반의어 : 敗(패할 패)		
省 살필 성/덜 생	省				
目 – 총 9획	自省(자성) 反省(반성) 省略(생략)		동음이의어 : 姓(성 성) 成(이룰 성)		
消 사라질 소	消				
氵(水) – 총 10획	消火(소화) 消日(소일)		동음이의어 : 小(작을 소) 少(적을 소)		
速 빠를 속	速				
辶_(辵) – 총 11획	高速(고속) 速行(속행) 速度(속도)		유의어 : 急(급할 급)		
孫 손자 손	孫				
子 – 총 10획	孫子(손자) 王孫(왕손) 後孫(후손)		상대반의어 : 祖(할아비 조)		
樹 나무 수	樹				
木 – 총 16획	植樹(식수) 樹立(수립) 樹木(수목)		유의어 : 木(나무 목) 林(수풀 림)		
術 재주 술	術				
行 – 총 11획	術數(술수) 美術(미술) 手術(수술)		유의어 : 才 (재주 재) 技(재주 기)		
習 익힐 습	習				
羽 – 총 11획	學習(학습) 自習(자습) 風習(풍습)		유의어 : 學(배울 학) 練(익힐 련)		
勝 이길 승	勝				
力 – 총 12획	勝者(승자) 勝地(승지) 勝利(승리)		상대반의어 : 敗(패할 패) 負(질 부)		

다음 한자의 훈음을 알아 보고 빈 칸에 알맞게 쓰세요.

始 비로소 시	始				
女 – 총 8획	始作(시작) 始球(시구) 開始(개시)		상대반의어 : 末(끝 말) 終(마칠 종) 유의어 : 初(처음 초)		
式 법 식	式				
弋 – 총 6획	式場(식장) 禮式(예식) 方式(방식)		유의어 : 法(법 법)		
信 믿을 신	信				
亻(人) – 총 9획	信用(신용) 書信(서신)		동음이의어 : 新(새 신) 神(귀신 신)		
身 몸 신	身				
身 – 총 7획	身分(신분) 身長(신장) 身體(신체)		유의어 : 體(몸 체) 상대반의어 : 心(마음 심)		
新 새 신	新				
斤 – 총 13획	新年(신년) 新入(신입) 新聞(신문)		상대반의어 : 舊(예 구)		
神 귀신 신	神				
示 – 총 10획	山神(산신) 神童(신동)		동음이의어 : 信(믿을 신) 身(몸 신)		
失 잃을 실	失				
大 – 총 5획	失言(실언) 失手(실수) 失業(실업)		유의어 : 過(허물 과) 상대반의어 : 得(얻을 득)		
愛 사랑 애	愛				
心 – 총 13획	愛人(애인) 愛國(애국) 愛民(애민)				
野 들 야	野				
里 – 총 11획	野球(야구) 平野(평야) 野山(야산)		동음이의어 : 夜(밤 야) 상대반의어 : 與(더불 여)		

🚂 다음 한자의 훈음을 알아 보고 빈 칸에 알맞게 쓰세요.

夜 밤 야	夜						
夕 – 총 8획	夜間(야간) 夜光(야광) 晝夜(주야)		상대반의어 : 晝(낮 주)				
弱 약할 약	弱						
弓 – 총 10획	弱者(약자) 弱小(약소) 强弱(강약)		상대반의어 : 强(강할 강)				
藥 약 약	藥						
⺿ (艸) – 총 19획	名藥(명약) 藥草(약초) 農藥(농약)		동음이의어 : 弱(약할 약)				
洋 큰바다 양	洋						
氵(水) – 총 9획	洋服(양복) 洋食(양식) 洋藥(양약)		유의어 : 海(바다 해)				
陽 볕 양	陽						
阝(阜) – 총 12획	陽地(양지) 夕陽(석양) 太陽(태양)		동음이의어 : 洋(큰바다 양) 상대반의어 : 陰(그늘 음)				
言 말씀 언	言						
言 – 총 7획	言行(언행) 發言(발언) 言語(언어)		유의어 : 語(말씀 어) 話(말씀 화) 상대반의어 : 行(행할 행)				
業 업 업	業						
木 – 총 13획	生業(생업) 分業(분업) 開業(개업)						
英 꽃부리 영	英						
⺿ (艸) – 총 9획	英才(영재) 英國(영국) 英特(영특)		동음이의어 : 永(길 영)				
永 길 영	永						
水 – 총 5획	永遠(영원) 永住(영주) 永世(영세)		유의어 : 遠(멀 원)				

월   일   이름: 확인:

다음 한자의 훈음을 알아 보고 빈 칸에 알맞게 쓰세요.

溫 따뜻할 온	溫				
氵(水) – 총 13획	溫水(온수) 溫度(온도) 氣溫(기온)		상대반의어 : 冷(찰 랭) 유의어 : 暖(따뜻할 난)		
勇 날랠 용	勇				
力 – 총 9획	勇士(용사) 勇氣(용기)		동음이의어 : 用(쓸 용)		
用 쓸 용	用				
用 – 총 5획	所用(소용) 用語(용어) 使用(사용)		동음이의어 : 勇(날랠 용)		
運 옮길 운	運				
辶(辵) – 총 13획	運動(운동) 幸運(행운) 運命(운명)				
園 동산 원	園				
囗 – 총 13획	公園(공원) 花園(화원) 庭園(정원)		유의어 : 庭(뜰 정)		
遠 멀 원	遠				
辶(辵) – 총 14획	遠近(원근) 遠大(원대)		상대반의어 : 近(가까울 근) 유의어 : 永(길 영)		
由 말미암을 유	由				
田 – 총 5획	由來(유래) 事由(사유) 理由(이유)		동음이의어 : 有(있을 유) 油(기름 유)		
油 기름 유	油				
氵(水) – 총 8획	注油所(주유소) 石油(석유)		동음이의어 : 有(있을 유) 由(말미암을 유)		
銀 은 은	銀				
金 – 총 14획	金銀(금은) 銀行(은행) 水銀(수은)		상대반의어 : 金(쇠 금)		

📖 다음 한자의 훈음을 알아 보고 빈 칸에 알맞게 쓰세요.

音 소리 음	音					
音 - 총 9획	長音(장음)　讀音(독음)　音樂(음악)			동음이의어 : 飮(마실 음)　유의어 : 聲(소리 성)		
飮 마실 음	飮					
食 - 총 13획	飮食(음식)　米飮(미음)			동음이의어 : 音(소리 음)		
意 뜻 의	意					
心 - 총 13획	意圖(의도)　合意(합의)　同意(동의)			유의어 : 思(생각 사)　志(뜻 지)		
醫 의원 의	醫					
酉 - 총 18획	醫術(의술)　醫藥(의약)　名醫(명의)			동음이의어 : 衣(옷 의)　意(뜻 의)　약자 : 医		
衣 옷 의	衣					
衣 - 총 6획	衣服(의복)　白衣民族(백의민족)			유의어 : 服(옷 복)		
者 놈 자	者					
耂(老) - 총 9획	學者(학자)　記者(기자)　病者(병자)			동음이의어 : 子(아들 자)　字(글자 자)		
昨 어제 작	昨					
日 - 총 9획	昨日(작일)　昨年(작년)　昨今(작금)			상대반의어 : 今(이제 금)		
作 지을 작	作					
亻(人) - 총 7획	作家(작가)　作業(작업)　作文(작문)			유의어 : 製(지을 제)　造(지을 조)		
章 글 장	章					
立 - 총 11획	文章(문장)　圖章(도장)			유의어 : 書(글 서)　文(글월 문)		

다음 한자의 훈음을 알아 보고 빈 칸에 알맞게 쓰세요.

才 재주 재	才			
扌(手) – 총 3획	才能(재능) 天才(천재)		유의어 : 術(재주 술)	
在 있을 재	在			
土 – 총 6획	在學(재학) 人命在天(인명재천)		동음이의어 : 才(재주 재) 유의어 : 存(있을 존)	
戰 싸움 전	戰			
戈 – 총 16획	戰術(전술) 戰死(전사) 戰功(전공)		유의어 : 爭(다툴 쟁) 鬪(싸움 투) 약자 : 戦	
庭 뜰 정	庭			
广 – 총 10획	校庭(교정) 庭園(정원)		유의어 : 園(동산 원)	
定 정할 정	定			
宀 – 총 8획	安定(안정) 定立(정립) 定石(정석)		동음이의어 : 正(바를 정) 庭(뜰 정)	
第 차례 제	第			
竹 – 총 11획	第一(제일) 第三國(제삼국)		동음이의어 : 弟(아우 제) 題(제목 제)	
題 제목 제	題			
頁 – 총 18획	主題(주제) 話題(화제) 題目(제목)		동음이의어 : 帝(임금 제) 第(차례 제)	
朝 아침 조	朝			
月 – 총 12획	朝禮(조례) 王朝(왕조) 朝夕(조석)		상대반의어 : 夕(저녁 석)	
族 겨레 족	族			
方 – 총 11획	民族(민족) 家族(가족) 族長(족장)		동음이의어 : 足(발 족)	

월   일   이름: 확인:

다음 한자의 훈음을 알아 보고 빈 칸에 알맞게 쓰세요.

注 부을 주	注				
氵(水) - 총 8획	注目(주목) 注意(주의) 注油所(주유소)		동음이의어 : 主(주인 주)		
晝 낮 주	晝				
日 - 총 11획	晝間(주간) 晝夜(주야) 白晝(백주)		상대반의어 : 夜(밤 야)		
集 모을 집	集				
隹 - 총 12획	集計(집계) 集中(집중) 集合(집합)		상대반의어 : 配(나눌 배) 散(흩을 산)		
窓 창 창	窓				
穴 - 총 11획	窓門(창문) 窓口(창구) 同窓(동창)				
淸 맑을 청	淸				
氵(水) - 총 11획	淸明(청명) 淸風(청풍)		동음이의어 : 靑(푸를 청)		
體 몸 체	體				
骨 - 총 23획	體育(체육) 體力(체력) 體溫(체온)		유의어 : 身(몸 신) 약자 : 体		
親 친할 친	親				
見 - 총 16획	親庭(친정) 親族(친족) 近親(근친)		유의어 : 近(가까울 근)		
太 클 태	太				
大 - 총 4획	太陽(태양) 太古(태고) 太平洋(태평양)		유의어 : 大(큰 대)		
通 통할 통	通				
辶(辵) - 총 11획	通路(통로) 通話(통화) 通信(통신)				

다음 한자의 훈음을 알아 보고 빈 칸에 알맞게 쓰세요.

特 특별할 특	特					
牛 – 총 10획	特別(특별) 特使(특사) 英特(영특)					
表 겉 표	表					
衣 – 총 8획	表面(표면) 表現(표현) 表記(표기)					
風 바람 풍	風					
風 – 총 9획	風聞(풍문) 風車(풍차) 家風(가풍)					
合 합할 합	合					
口 – 총 6획	合計(합계) 合理(합리) 合同(합동)					
幸 다행 행	幸					
干 – 총 8획	多幸(다행) 不幸(불행) 幸福(행복) 동음이의어 : 行(다닐 행) 유의어 : 福(복 복)					
行 다닐 행 / 항렬 항	行					
行 – 총 6획	行軍(행군) 行動(행동) 行事(행사) 상대반의어 : 言(말씀 언)					
向 향할 향	向					
口 – 총 6획	向學(향학) 向日(향일) 向上(향상)					
現 나타날 현	現					
王(玉) – 총 11획	現金(현금) 現在(현재) 現代(현대) 유의어 : 顯(나타날 현)					
形 모양 형	形					
彡 – 총 7획	形式(형식) 形體(형체) 形成(형성)					

다음 한자의 훈음을 알아 보고 빈 칸에 알맞게 쓰세요.

號 이름 호	號					
虍 – 총 13획	記號(기호) 國號(국호) 號角(호각)		약자 : 号			
和 화할 화	和					
口 – 총 8획	和答(화답) 和親(화친) 和合(화합)		유의어 : 協(화할 협) 調(고를 조)			
畫 그림 화 / 그을 획	畫					
田 – 총 13획	畫家(화가) 畫室(화실) 圖畫紙(도화지)		유의어 : 圖(그림 도) 약자 : 画			
黃 누를 황	黃					
黃 – 총 12획	黃色(황색) 黃金(황금) 黃河(황하)					
會 모일 회	會					
日 – 총 13획	國會(국회) 會話(회화) 會社(회사)		약자 : 会			
訓 가르칠 훈	訓					
言 – 총 10획	訓育(훈육) 音訓(음훈)		유의어 : 敎(가르칠 교)			

제 1회 기출 및 예상 문제 (16p~18p)

❶ (1) 소득　(2) 도출　(3) 요람　(4) 선도
　(5) 동상　(6) 반도체　(7) 신라　(8) 난국
　(9) 독초　(10) 전도　(11) 소등　(12) 독기
　(13) 감독　(14) 동경　(15) 독약　(16) 두량
　(17) 도입　(18) 대두　(19) 전란　(20) 두유
　(21) 녹두　(22) 계란　(23) 득의　(24) 난생
　(25) 이득　(26) 관람　(27) 체득　(28) 나열
　(29) 전등　(30) 가로등

❷ (1) 알 란　　(2) 독 독　　(3) 얻을 득
　(4) 볼 람　　(5) 벌릴 라　(6) 콩 두
　(7) 감독할 독　(8) 등 등　(9) 말 두
　(10) 인도할 도

❸ (1) 導入　(2) 毒藥　(3) 銅賞　(4) 體得
　(5) 電燈　(6) 新羅　(7) 變亂　(8) 觀覽
　(9) 監督　(10) 消燈

❹ (1) 燈　(2) 覽　(3) 督　(4) 銅
　(5) 導　(6) 豆

❺ (1) 失　(2) 朝　(3) 老, 多　(4) 果

❻ (1) 願　(2) 果　(3) 術, 藝　(4) 思

❼ (1) 得　(2) 燈　(3) 燈　(4) 卵

❽ (1) ③　(2) ②　(3) ④　(4) ③

❾ (1) 監査　(2) 家名　(3) 得度　(4) 反感
※이외에도 여러 가지 답이 가능합니다.

❿ (1) ① 죽 벌이어 놓음, 늘어놓음
　　② 열을 지어 늘어섬
　(2) 이익을 얻는 일. 또는 그 이익
　(3) 등불을 끔

⓫ (1) 会　(2) 乱　(3) 覽, 览　(4) 灯

★퍼즐로 한자를(20p)

					鷄		
風	前				以	卵	擊	石
		說			有			
燈	下	不	明		骨			
火|							
		自	中	之	亂			
		業	中				觀	客
		自	日				覽	
利	害	得	失	記				

제 2회 기출 및 예상 문제 (28p~30p)

❶ (1) 논단　(2) 약식　(3) 기록　(4) 간략
　(5) 생략　(6) 연패　(7) 약력　(8) 화류계
　(9) 약도　(10) 양면　(11) 열차　(12) 양극
　(13) 항렬, 행렬　(14) 양곡　(15) 청룡
　(16) 연휴　(17) 등록　(18) 군량미　(19) 고려
　(20) 논리　(21) 염려　(22) 녹음　(23) 미려
　(24) 유려　(25) 고려　(26) 격렬　(27) 연결
　(28) 용궁　(29) 열녀　(30) 대열

❷ (1) 기록할 록　(2) 버들 류　(3) 양식 량
　(4) 생각할 려　(5) 고울 려　(6) 두 량
　(7) 용 룡　　(8) 매울 렬
　(9) 간략할/약할 략
　(10) 논할 론

❸ (1) 連結　(2) 略圖　(3) 論壇　(4) 連敗
　(5) 錄音　(6) 列擧　(7) 糧穀

❹ (1) 龍　(2) 兩　(3) 錄　(4) 慮
　(5) 連　(6) 烈

❺ (1) ①　(2) ②　(3) ③　(4) ④

❻ (1) 問　(2) 惡　(3) 新　(4) 白

❼ (1) 慮　(2) 樹　(3) 爭, 鬪　(4) 選, 區, 分

❽ (1) 兩　(2) 慮　(3) 論　(4) 柳

❾ (1) ①　(2) ③　(3) ④　(4) ②

❿ (1) 나라를 위하여 맨몸으로 저항하다가 죽
　　음으로써 높은 지조를 나타낸 사람
　(2) 생각하여 헤아림
　(3) 심하고 세차다
　(4) 덜어서 줄임

⓫ (1) 万　(2) 麗　(3) 竜　(4) 両

★퍼즐로 한자를(32p)

卓	上	空	論		千	慮	一	失
		功				萬		
		行				多		
		賞			幸	福		
連			美					
戰		高	句	麗				
連	結					一	擧	兩	得
勝							親	

제 3회 기출 및 예상 문제 (40p~42p)

❶ (1) 발달　(2) 기대　(3) 사회　(4) 신체

❷ (5) 人類　(6) 歷史　(7) 記錄　(8) 重要性
(9) 敎育　(10) 家庭　(11) 學校　(12) 始作
(13) 成長　(14) 事理

❸ (1) 만기　(2) 유념　(3) 모사　(4) 목동
(5) 면학　(6) 목가　(7) 모근　(8) 남매
(9) 규율　(10) 율동　(11) 매부　(12) 법률
(13) 음률　(14) 이륙　(15) 이별　(16) 유급
(17) 만족　(18) 조율　(19) 매형　(20) 공명
(21) 명맥　(22) 목장　(23) 유의　(24) 근면
(25) 유학　(26) 계명

❹ (1) 본뜰 모　(2) 누이 매　(3) 법칙 률
(4) 떠날 리　(5) 찰 만　(6) 머무를 류
(7) 줄기 맥　(8) 칠 목　(9) 바퀴 륜
(10) 힘쓸 면

❺ (1) ③　(2) ④　(3) ①　(4) ①

❻ (1) 滿, 戈　(2) 離　(3) 重　(4) 功

❼ (1) 停　(2) 寒　(3) 居　(4) 調

❽ (1) 留　(2) 離　(3) 鳴　(4) 毛

❾ (1) ③　(2) ④　(3) ①　(4) ③

❿ (1) 마음에 두는 것
(2) 정한 기간이 다 참, 또는 그 기한
(3) 풀을 뜯기며 가축을 치는 아이
(4) 누이의 남편

⓫ (1) 滿　(2) 体　(3) 数　(4) 难

★퍼즐로 한자를(44p)

	停					²九	牛	一	毛
³人	死	留	名			死			
		場				一			
		放	牧	民		生			
			民				滿	期	
			心				場		
⁷會	者	定	離	書			一	致	
			別						

제 4회 기출 및 예상 문제 (52p~54p)

❶ (1) 묘기　(2) 단발　(3) 묘수　(4) 방해
(5) 근무　(6) 묘소　(7) 박수　(8) 성묘
(9) 무사　(10) 묘안　(11) 무방　(12) 백발
(13) 묘미　(14) 무용　(15) 이발　(16) 의무실
(17) 밀고　(18) 가무　(19) 난무　(20) 친밀
(21) 무술　(22) 미정　(23) 무기　(24) 미성년
(25) 미각　(26) 밀약

❷ (1) 방해할 방　(2) 무덤 묘　(3) 호반 무
(4) 터럭 발　(5) 춤출 무　(6) 맛 미
(7) 묘할 묘　(8) 빽빽할 밀　(9) 칠 박
(10) 넓을 박

❸ (1) 勤務　(2) 未定　(3) 武器　(4) 意味
(5) 博愛　(6) 歌舞　(7) 親密　(8) 拍子
(9) 妙案　(10) 省墓

❹ (1) 髮　(2) 墓　(3) 拍　(4) 務
(5) 舞　(6) 密

❺ (1) ②　(2) ②　(3) ③　(4) ③

❻ (1) 武　(2) 遠　(3) 生　(4) 去

❼ (1) 髮　(2) 敎　(3) 大　(4) 家

❽ (1) 務　(2) 博　(3) 未　(4) 拍

❾ (1) ①　(2) ②　(3) ①　(4) ③

❿ (1) 無期　(2) 短身　(3) 考査　(4) 武士
※이외에도 여러 가지 답이 가능합니다.

⓫ (1) 아주 뛰어나거나 적절한 방안
(2) ① 무예와 용맹 ② 날래고 용감한 것
(3) 지내는 사이가 아주 가깝고 친하다
(4) 평등하게 사랑하는 것

⓬ (1) 広　(2) 鉄　(3) 号　(4) 旧

★퍼즐로 한자를(56p)

¹妙	技		²一	日	三	³省			
藥						墓			
			⁴事					⁵假	
		務	實	力	行		⁶理	髮	
⁸未			無						
成			根						
⁹年	歲					⁷博	學	多	識
者						愛			

기출 및 예상문제 해답

제 5회 기출 및 예상 문제 (64p~66p)

① (1) 완성　(2) 발전　(3) 변질　(4) 시작

② (5) 個人　(6) 敎養　(7) 不可能　(8) 人格
(9) 集中　(10) 以來　(11) 以後　(12) 世紀
(13) 産業　(14) 現代

③ (1) 방수　(2) 경배　(3) 공방　(4) 배후
(5) 냉방　(6) 벌목　(7) 시범　(8) 방문
(9) 상벌　(10) 벽지　(11) 방문　(12) 강변
(13) 방지　(14) 빙벽　(15) 배상　(16) 모범
(17) 세배　(18) 공범　(19) 독방　(20) 배경
(21) 규범　(22) 해변　(23) 배급　(24) 배달
(25) 답방　(26) 벌금

④ (1) 防　(2) 邊　(3) 伐　(4) 範
(5) 背　(6) 訪

⑤ (1) ①　(2) ④　(3) ②　(4) ④

⑥ (1) 防, 守　(2) 罰　(3) 配　(4) 減

⑦ (1) 範　(2) 段　(3) 爭　(4) 曲, 謠

⑧ (1) 房　(2) 罰　(3) 罰　(4) 背

⑨ (1) 阝(阜)　(2) 土　(3) 酉　(4) 竹
(5) 辶(辵)　(6) 月(肉)

⑩ (1) 工房　(2) 防寒　(3) 短歌　(4) 市街
※이외에도 여러 가지 답이 가능합니다.

⑪ (1) 辺, 边 (2) 図 (3) 観, 观, 覌 (4) 当

★퍼즐로 한자를(68p)

	①知			②交	
防	音	壁		文	房	四	友
					|以|
					|信|賞|必|⑤罰
⑥伐|⑦草|				|⑨百|
	綠		⑧背	恩	忘	德		戒
|同| |景|		|⑩再|⑪拜
|色|			|上|

제 6회 기출 및 예상 문제 (76p~78p)

① (1) 보건　(2) 보온　(3) 변사　(4) 답변
(5) 부담　(6) 보고　(7) 보도　(8) 가부
(9) 부활　(10) 도보　(11) 변론　(12) 안부
(13) 보관　(14) 부고　(15) 보통　(16) 보병
(17) 보답　(18) 항복　(19) 승부　(20) 굴복
(21) 보도　(22) 중복　(23) 보고　(24) 복습
(25) 복사　(26) 국보

② (1) 회복할 복/다시 부　(2) 걸음 보
(3) 마을/관청 부　(4) 넓을 보　(5) 겹칠 복
(6) 갚을/알릴 보　(7) 엎드릴 복　(8) 말씀 변
(9) 보배 보　(10) 아닐 부

③ (1) 安否　(2) 保全　(3) 普通　(4) 復活
(5) 降服, 降伏　(6) 重複　(7) 負擔
(8) 否決　(9) 徒步　(10) 達辯

④ (1) 復　(2) 寶　(3) 保　(4) 負
(5) 報　(6) 辯

⑤ (1) ④　(2) ②　(3) ③　(4) ①

⑥ (1) 伏　(2) 複　(3) 勝　(4) 否

⑦ (1) 報　(2) 獨　(3) 擊　(4) 知

⑧ (1) 步, 步　(2) 復　(3) 寶　(4) 報

⑨ (1) ③　(2) ①　(3) ④　(4) ①

⑩ (1) 變死　(2) 寶庫　(3) 重複　(4) 步道
※이외에도 여러 가지 답이 가능합니다.

⑪ (1) 매우 능란한 말
(2) ① 옛 모양이나 옛 제도로 돌아가는 것
② 손실을 회복하는 것
(3) 회의 등에서 일정한 절차에 따라 반대하여 받아들이지 않기로 결정하는 것
(4) 남의 호의나 은혜를 갚는 것

⑫ (1) 宝　(2) 発　(3) 独　(4) 変

★퍼즐로 한자를(80p)

| ①五 | | ②屈 | | | | | ⑩背 |
|十| |降|伏|(服)|③結|草|報|恩|
步							忘
④百	⑤發	百	中					德
步				⑥一			
				口			⑨勝	⑩負
				二	⑧回		擔
	⑪重	言	復	言			

제 7회 기출 및 예상 문제 (88p~90p)

❶ (1) 분노　(2) 반성　(3) 대비　(4) 만족

❷ (5) 對立　(6) 不安　(7) 感情　(8) 本能
(9) 問題　(10) 理性的　(11) 熱心　(12) 勇氣
(13) 每事　(14) 溫和

❸ (1) 극비　(2) 비보　(3) 격분　(4) 신부
(5) 비명　(6) 부부　(7) 비보　(8) 부업
(9) 신비　(10) 구비　(11) 부식　(12) 비법
(13) 불교　(14) 부국　(15) 비행　(16) 갑부
(17) 비분　(18) 분말　(19) 비밀　(20) 부인
(21) 분노　(22) 비관　(23) 분패　(24) 비품
(25) 부강　(26) 불가

❹ (1) 숨길 비　(2) 갖출 비　(3) 부자 부
(4) 아닐 비　(5) 분할 분　(6) 며느리 부
(7) 비평할 비　(8) 가루 분　(9) 날 비
(10) 부처 불

❺ (1) 飛　(2) 批　(3) 備　(4) 粉　(5) 秘　(6) 富

❻ (1) 婦　(2) 買　(3) 他　(4) 足

❼ (1) 備　(2) 直　(3) 擊　(4) 永

❽ (1) 婦　(2) 富　(3) 再　(4) 備

❾ (1) ③　(2) ①　(3) ②　(4) ③

❿ (1) 非命　(2) 非行　(3) 經費　(4) 秘寶
※이외에도 여러 가지 답이 가능합니다.

⓫ (1) 仏　(2) 来　(3) 団　(4) 冨

★퍼즐로 한자를(92p)

							⑥富
②夫	婦	③有	別	④副	作	用	貴
	備			業			功
	無				⑤人	死	留	名
	患			非			
				一			
⑦激	憤		⑨是	非			⑧粉	末
	怒			再			筆

제 8회 기출 및 예상 문제 (102p~104p)

❶ (1) 비석　(2) 쇄도　(3) 빈약　(4) 대상

(5) 발사　(6) 빈곤　(7) 감사　(8) 묘비
(9) 사원　(10) 살생　(11) 사리　(12) 사격
(13) 사전　(14) 불국사　(15) 사견　(16) 빈궁
(17) 원사　(18) 공사　(19) 사감　(20) 청빈
(21) 사택　(22) 축사　(23) 상용　(24) 의사
(25) 사제　(26) 상식

❷ (1) 말씀 사　(2) 가난할 빈　(3) 절 사
(4) 코끼리 상　(5) 집 사　(6) 상 상
(7) 쏠 사　(8) 실 사　(9) 사례할 사
(10) 비석 비

❸ (1) 淸貧　(2) 謝禮　(3) 山寺　(4) 舍監
(5) 分散　(6) 師父　(7) 發射　(8) 殺生
(9) 殺到　(10) 賞狀

❹ (1) 象　(2) 貧　(3) 寺　(4) 私　(5) 殺　(6) 師

❺ (1) ①　(2) ③　(3) ②　(4) ④

❻ (1) 私　(2) 常　(3) 貧　(4) 散

❼ (1) 窮　(2) 辭　(3) 屋, 宅

❽ (1) 貧　(2) 私　(3) 絲　(4) 私

❾ (1) ②　(2) ④　(3) ①　(4) ①

❿ (1) 事由　(2) 起床　(3) 模寫　(4) 事典
※이외에도 여러 가지 답이 가능합니다.

⓫ (1) ① 가난하여 살기가 어려운 것
　　② 필요한 것이 없거나 부족한 것
(2) 일년 내내 늘 잎이 푸른 나무
(3) 늘 쓰는 일, 일상적으로 사용하는 일
(4) 고마움을 나타내는 인사

⓬ (1) 師　(2) 糸　(3) 辭　(4) 狀

★퍼즐로 한자를(106p)

①記	念	碑		④安	貧	樂	道
	石				者		
					一		
				燈	火	可	親
⑥寸	鐵	殺	人				
	身			⑧出			
	成		⑨講	師			⑩患
	仁			表		⑪一	絲	不	亂

제 1회
모의 한자능력 검정시험

1. 상식
2. 보고
3. 고도
4. 밀서
5. 비행
6. 열차
7. 전등
8. 미려
9. 율법
10. 무술
11. 부상
12. 배달
13. 빙벽
14. 부귀
15. 강사
16. 사원
17. 상술
18. 청빈
19. 절약
20. 정원
21. 장소
22. 의사
23. 상장
24. 설화
25. 철도
26. 열기
27. 변화
28. 성명
29. 적색
30. 민족
31. 조심
32. 최고
33. 물질
34. 쇄도
35. 시기
36. 사례할 사
37. 고울 려
38. 결단할 결
39. 터 기
40. 쌓을 저
41. 고울 선
42. 푸를 록
43. 쓸 비
44. 귀 이
45. 눈 목
46. 입 구
47. 코 비
48. 숯 탄
49. 거느릴/떼 부
50. 절 배
51. 벽 벽
52. 며느리 부
53. 가릴 선
54. 잃을 실
55. 구름 운
56. 허락할 허
57. 가난할 빈
58. 番地
59. 舊式
60. 全圖
61. 實在
62. 使臣
63. 病院
64. 旗手
65. 觀光
66. 題目
67. 出世
68. 歲月
69. 未來
70. 午前
71. 對決
72. 信用
73. 幸運
74. 才能
75. 禮節
76. 新鮮
77. 動作
78. 失
79. 來
80. 使
81. 意
82. 重
83. 記
84. 輕
85. 宝
86. 灯
87. 宅, 屋
88. 和
89. 止, 留
90. 患
91. 友
92. 聞
93. 傳
94. 父
95. 牛
96. 罒(网)
97. 言
98. 고마움을 나타내
    는 인사
99. 나타나 보이는
    현재의 상태
100. 효험이 좋은 약

제 2회
모의 한자능력 검정시험

1. 전설
2. 소득
3. 소등
4. 변란
5. 밀집
6. 기묘
7. 가발
8. 무방
9. 병상
10. 상록수
11. 빈부
12. 묘비
13. 세월
14. 등급
15. 행복
16. 작전
17. 격분
18. 답변
19. 보건
20. 빙벽
21. 독방
22. 배경
23. 박식
24. 규율
25. 생략
26. 녹음
27. 감독
28. 나열
29. 수상
30. 기회
31. 말 두
32. 나눌/짝 배
33. 말씀 사
34. 겨레 족
35. 원할 원
36. 볼 람
37. 물끓는김 기
38. 역사 사
39. 사랑 애
40. 각각 각
41. 아비 부
42. 클 위
43. 목욕할 욕
44. 물 하
45. 허물 죄
46. 넓을 보
47. 용 룡
48. 스승 사
49. 바퀴 륜
50. 법 범
51. 코끼리 상

52. 벌릴 렬
53. 회복할 복/다시 부
54. 버금 부
55. 순할 순
56. ③
57. ⑤
58. ⑦
59. 辺, 边
60. 争
61. 竜
62. 畫
63. 體
64. 會
65. 兒童
66. 週末
67. 體溫
68. 說明
69. 道路
70. 新聞
71. 雪景
72. 旅行
73. 團體
74. 技術
75. 向方
76. 宿食
77. 氷水
78. 雄大
79. 貴族
80. 土
81. 停
82. 直
83. 服
84. 根
85. 冷
86. 夫
87. 他
88. 賞
89. 今
90. 風前
91. 一擧

92. 樂道
93. 敎學
94. 利說
95. 植樹
96. 過失
97. 再現
98. 毋
99. 入
100. 木

제 3회
모의 한자능력 검정시험

1. 공명
2. 유념
3. 모범
4. 이륙
5. 비보
6. 부덕
7. 사부
8. 산사
9. 상장
10. 쇄도
11. 현상
12. 도보
13. 부활
14. 복습
15. 배급
16. 명맥
17. 등록
18. 득도
19. 동상
20. 경계
21. 원장
22. 철광
23. 심신
24. 성격
25. 관심
26. 공방
27. 상가
28. 냉대

29. 근본
30. 부담
31. 형상 상/문서 장
32. 버들 류
33. 집 사
34. 권세 권
35. 곡식 곡
36. 슬플 비
37. 이을 련
38. 요긴할 요
39. 찾을 방
40. 정할 정
41. 움직일 동
42. 찰 만
43. 푸를 록
44. 쌀 미
45. 생각 사
46. 패할 패
47. 뜻 정
48. 통할 통
49. 날랠 용
50. 물건 품
51. 의원 의
52. 북녘 북/달아날 배
53. 貴重
54. 安全
55. 今年
56. 答案
57. 位相
58. 身體
59. 便利
60. 發展
61. 社會
62. 家族
63. 番號
64. 熱氣
65. 特別
66. 戰爭
67. 農業
68. 紙面

69. 秋夕
70. 校長
71. 王國
72. 後
73. 賞
74. 友
75. 會
76. 卓
77. 技
78. 末
79. 住
80. 歌
81. 爭
82. 賞
83. 班
84. 失
85. 重
86. 答
87. 舌
88. 豕
89. 土
90. 灯
91. 乱
92. 仏
93. 當
94. 廣
95. 이익을 얻음
96. 직장에 적을
    두고 직무에
    종사함
97. 총, 대포, 활
    따위를 쏨
98. ①
99. ③
100. ⑦

수험번호 □□□-□□-□□□□　　　성명 □□□□□

생년월일 □□□□□□　　※주민등록번호 앞 6자리 숫자를 기입하십시오.

※성명을 한글로 작성.
※필기구는 검정색 볼펜만 가능

※ 답안지는 컴퓨터로 처리되므로 구기거나 더럽히지 마시고, 정답 칸 안에만 쓰십시오.
　글씨가 채점란으로 들어오면 오답처리가 됩니다.

제 1회 전국한자능력검정시험 4급Ⅱ 답안지(1) (시험시간: 50분)

번호	정답	1검	2검	번호	정답	1검	2검	번호	정답	1검	2검
1				17				33			
2				18				34			
3				19				35			
4				20				36			
5				21				37			
6				22				38			
7				23				39			
8				24				40			
9				25				41			
10				26				42			
11				27				43			
12				28				44			
13				29				45			
14				30				46			
15				31				47			
16				32				48			

감독위원	채점위원(1)		채점위원(2)		채점위원(3)	
(서명)	(득점)	(서명)	(득점)	(서명)	(득점)	(서명)

※ 답안지는 컴퓨터로 처리되므로 구기거나 더럽히지 마시고, 정답 칸 안에만 쓰십시오. 글씨가 채점란으로 들어오면 오답처리가 됩니다.

제 1회 전국한자능력검정시험 4급 II 답안지(2)

번호	정 답	1검	2검	번호	정 답	1검	2검	번호	정 답	1검	2검
	답안란	채점란			답안란	채점란			답안란	채점란	
49				67				85			
50				68				86			
51				69				87			
52				70				88			
53				71				89			
54				72				90			
55				73				91			
56				74				92			
57				75				93			
58				76				94			
59				77				95			
60				78				96			
61				79				97			
62				80				98			
63				81				99			
64				82				100			
65				83							
66				84							

※4급 4급Ⅱ ②과정을 마친 다음에
　모의고사 답을 이 곳에 기재하세요.

수험번호 □□□-□□-□□□□　　성명 □□□□□

생년월일 □□□□□□　※주민등록번호 앞 6자리 숫자를 기입하십시오.　※성명을 한글로 작성.
　　　　　　　　　　　　　　　　　　　　　　　　　　　　　　※필기구는 검정색 볼펜만 가능

※ 답안지는 컴퓨터로 처리되므로 구기거나 더럽히지 마시고, 정답 칸 안에만 쓰십시오.
　글씨가 채점란으로 들어오면 오답처리가 됩니다.

제 2회 전국한자능력검정시험 4급 답안지(1) (시험시간: 50분)

번호	정답	1검	2검	번호	정답	1검	2검	번호	정답	1검	2검
1				17				33			
2				18				34			
3				19				35			
4				20				36			
5				21				37			
6				22				38			
7				23				39			
8				24				40			
9				25				41			
10				26				42			
11				27				43			
12				28				44			
13				29				45			
14				30				46			
15				31				47			
16				32				48			

감독위원	채점위원(1)		채점위원(2)		채점위원(3)	
(서명)	(득점)	(서명)	(득점)	(서명)	(득점)	(서명)

제 2회 전국한자능력검정시험 4급 답안지(2)

번호	정 답	1검	2검	번호	정 답	1검	2검	번호	정 답	1검	2검
49				67				85			
50				68				86			
51				69				87			
52				70				88			
53				71				89			
54				72				90			
55				73				91			
56				74				92			
57				75				93			
58				76				94			
59				77				95			
60				78				96			
61				79				97			
62				80				98			
63				81				99			
64				82				100			
65				83							
66				84							

수험번호 ☐☐☐－☐☐－☐☐☐☐　　　성명 ☐☐☐☐☐

생년월일 ☐☐☐☐☐☐　　※주민등록번호 앞 6자리 숫자를 기입하십시오.　　※성명을 한글로 작성.
　　　　　　　　　　　　　　　　　　　　　　　　　　　　　　　　※필기구는 검정색 볼펜만 가능

※답안지는 컴퓨터로 처리되므로 구기거나 더럽히지 마시고, 정답 칸 안에만 쓰십시오.
　글씨가 채점란으로 들어오면 오답처리가 됩니다.

제 3회 전국한자능력검정시험 4급 답안지(1) (시험시간: 50분)

번호	정답	1검	2검	번호	정답	1검	2검	번호	정답	1검	2검
1				17				33			
2				18				34			
3				19				35			
4				20				36			
5				21				37			
6				22				38			
7				23				39			
8				24				40			
9				25				41			
10				26				42			
11				27				43			
12				28				44			
13				29				45			
14				30				46			
15				31				47			
16				32				48			

감독위원	채점위원(1)		채점위원(2)		채점위원(3)	
(서명)	(득점)	(서명)	(득점)	(서명)	(득점)	(서명)

※ 답안지는 컴퓨터로 처리되므로 구기거나 더럽히지 마시고, 정답 칸 안에만 쓰십시오. 글씨가 채점란으로 들어오면 오답처리가 됩니다.

제 3회 전국한자능력검정시험 4급 답안지(2)

번호	정 답	1검	2검	번호	정 답	1검	2검	번호	정 답	1검	2검
49				67				85			
50				68				86			
51				69				87			
52				70				88			
53				71				89			
54				72				90			
55				73				91			
56				74				92			
57				75				93			
58				76				94			
59				77				95			
60				78				96			
61				79				97			
62				80				98			
63				81				99			
64				82				100			
65				83							
66				84							